上海市“十三五”重点出版物出版规划项目
世界经济危机研究译丛

1929 年大崩盘

［美］ 约翰·肯尼斯·加尔布雷思（John Kenneth Galbraith） 著
沈国华 译

上海财经大学出版社

图书在版编目(CIP)数据

1929年大崩盘/(美)约翰·肯尼斯·加尔布雷思(John Kenneth Galbraith)著;沈国华译. —上海:上海财经大学出版社,2017.6
(世界经济危机研究译丛)
书名原文:The Great Crash 1929
ISBN 978-7-5642-2729-6/F·2729

Ⅰ.①1… Ⅱ.①约… ②沈… Ⅲ.①金融危机-研究-美国-1929
Ⅳ.①F837.125.9

中国版本图书馆CIP数据核字(2017)第110431号

□ 责任编辑 李成军
□ 书籍设计 张克瑶

1929NIAN DABENGPAN
1929 年 大 崩 盘

[美] 约翰·肯尼斯·加尔布雷思 (John Kenneth Galbraith) 著
沈国华 译

上海财经大学出版社出版发行
(上海市中山北一路369号 邮编200083)
网 址:http//www.sufep.com
电子邮箱:webmaster@sufep.com
全国新华书店经销
上海天地海设计印刷有限公司印刷装订
2017年6月第1版 2022年10月第6次印刷

890mm×1240mm 1/32 6.375印张 136千字
印数:12 001—15 000 定价:49.00元

图字:09－2004－709 号

THE GREAT CRASH 1929 by John Kenneth Galbraith

Published by arrangement with Houghton Mifflin Company

序

PREFACE

20 世纪 90 年代的观点

《1929 年大崩盘》于 1955 年初版，自那以后，屡屡重印，历时 40 余年。著作人(和出版商)往往倾向于把该书的经久不衰归功于它的卓越。显然，这本书有那么一点价值。不过，无论好坏，该书的经久不衰还另有原因。该书每次重印，在书店里上架销售，就说明又一投机事件——另一个泡沫或接踵而至的灾难——重新唤起了人们对现代最严重的股市暴涨暴跌事件的关注，因为那起事件导致了一次无情的萧条。

事实上，以后每发生一次投机事件，这本书便会重印一次。1955 年春天，股票市场出现了上扬的小行情。我应召前往华盛顿，在参议院举行的一次关于过去经历的听证会上作证。那天上午，在我作证的时候，股市突然下挫。我因股市暴跌而受到了谴责，尤其是受到了市场做多人士的谴责。他们中有相当多的人写信威胁要对我进行人身伤害；而一些更加虔诚的公民则告诉我，他们在为我生病或早日死亡而祈祷。在出席参议院听证会作证后没过几天，我在佛蒙特州滑雪不慎摔断了一条腿。报纸纷纷报道我摔伤的消息。信件纷至沓来，来信者告诉我说他们的祈祷得到了回应。我至少为宗教做了一点贡献。

这还只是个开头。20世纪70年代的离岸基金热、1987年的股市风暴，虽然只是一些戏剧性较小的事件或恐慌，但都把人们的注意力回溯到了1929年，并且导致本书的多次重印。

对于任何没有被盲目乐观所俘虏的人来说，目前人们就像本书所描绘的那样正沉溺于投机，而且乐此不疲。现在流入股市的资金远远多于操纵股市的智慧；如今的共同基金在数量上远远超过了具有理财才华和历史意识的共同基金管理人。我生来就不善预言，一个人的远见卓识终究会被遗忘，而他所犯的错误却会被人们铭记在心。不过，这里有一个基本的循环过程：它会随着物品价格的上涨周而复始，无论是股票还是房地产、艺术品或其他任何物品都会如此。价格上涨会吸引购买者的注意力，从而产生推动价格进一步上涨的效应。因此，预期正因为哄抬价格行为而被证实是合理的。循环过程还会继续下去：乐观情绪及其市场效应已经成为常规。价格甚至会涨得更高，然后由于种种争论不休的原因而最终跌到谷底。价格的下跌总比上涨更加迅猛。一只充足气的气球一旦被戳破，就不会有条不紊地漏气。

我还要重复一遍，本人不善预言。我仅仅注意到，自1637年荷兰投机商把郁金香鳞茎视为通向财富的神奇之路以来，这种现象已经反复出现过多次。1720年，约翰·劳(John Law，1671～1729年，苏格兰财政金融家，在开发美国路易安那州时从事过高额利润的投机交易，但投机计划最终失败，破产后逃往法国。——译者注)因在路易安那州淘金不成而穷困潦倒，携带着假想的财产逃往了巴黎。那些年还发生了严重的“南海泡沫”事件(指英国南海公司在南美进行的股票投机。——译者

注),导致英国遭受了一场毁灭性的金融灾难。

后来,类似的事件更是频频发生。19 世纪的美国每相隔二三十年就会出现一次投机热。早在独立以前,美国各州,无论是南方还是北方,最终以不菲的代价经历了没有明显支撑的货币发行事件。纸币发行进行得很顺利,直到人们发现纸币已一文不值。独立战争因“大陆币”(美国独立战争时期由大陆会议发行的纸币,到战争结束时已经分文不值。——译者注)而付出了代价,并且使“not worth a Continental”(一钱不值)成为一句永久性的习语。在 1812~1814 年战争结束后的几年里,房地产业出现了一次大繁荣;19 世纪 30 年代出现了投资修建运河和收费公路并美其名曰“国内改良”的疯狂投机热。随之,发生了钞票事件,即任何有能力租用比铁匠铺大一点的房子的人都可以发行没有任何有价物支撑的纸币,直到 1837 年这一事件才宣告结束。19 世纪 50 年代又开始了另一轮的繁荣和萧条:新英格兰(全美以谨慎著称的地区之一)的一家银行倒闭,留下了 50 万美元的未清偿票据和 86.48 美元可用来偿付未清偿票据的资产。

南北战争结束以后,曾经出现过铁路繁荣,但于 1873 年以惨败而告终。另一次繁荣也于 1907 年以同样的结局收场。不过,这次,纽约的大银行得以减轻一定的损失。早些时候,大量流入的英国资金给美国的投机热火上浇油,尤其是刚才提到的铁路投机。“南海泡沫”已被人们遗忘,英国人又重回南美。非常著名的巴林兄弟银行不得不求助于英格兰银行,才得以从由阿根廷贷款案导致的破产中死里逃生。有趣的是,20 世纪 90 年代,巴林银行因为一名驻新加坡的小职员而卷入了几乎令人难以置信的交易。这次,英格兰银行没有采取任何营救行动,巴林银行由于种种公共目的终于消失了。

如今,如果我们确实遇到衰退趋势,即所谓的报应时刻,那么某些事情肯定能够预见。某些估计数据显示,有 1/4 的美国人直接或间接地参与股市。万一股市暴跌,他们就会减少支出,尤其是耐用品支出,并且增加他们的信用卡透支债务。其结果是对经济产生普遍的负面影响,但不至于产生像1929年那样严重的后果。那时,银行虚弱无力,而且还没有实行存款保险制度;农产品市场举足轻重,但又特别脆弱;也没有失业救济金、福利性支付和社会保险等来发挥缓冲效应。所有这一切现在要好多了。不过,出现衰退,是很正常的;而且,我们几乎可以肯定,还能照例听到来自华盛顿方面的安抚话。每当市场陷入混乱,总能听到一些相同的话:“经济状况基本健康。”或者干脆就是“基本情况是好的”。每每听到这样的话,我们应该明白某些事情情况不妙。

再重复一遍,我不做预言,只讲述历史生动地告诉我们的事情。关于这本书,我最后还要说上几句。这本书是在1955年春天为有鉴赏力的读者而写的,曾在很短的一段时间里出现在畅销书的排行榜上。我很高兴地看到这本书陈列在书店的橱窗里。然而,我经常去纽约旅行,总是忧伤地发现在老拉瓜迪亚机场登机口旁的小书店里看不到它的踪影。一天夜里,我走到书架前仔细寻找起来。照看书店的女士最终注意到了我,问我在找什么书。我略显局促不安,省略了作者的姓名,告诉她我在找一本名叫《大崩盘》的书。“这可不是能在机场卖的书,”她语气坚定地回答说。(《大崩盘》的英语是“Great Crash”。英语“crash”一词也有坠落的意思,因此机场是忌讳卖这本书的。——译者注)

关于资料来源的说明

近来,许多作者和出版商竟然猜测读者会被书中的脚注所冒犯。我无意冒犯或者以任何方式来阻拦任何一个有支付能力的消费者。不过,我觉得这种猜测很是无聊。没有一个有文化的人可能会对页脚上的一点文字感到不快。无论是专业读者还是非专业读者,有时必须知道某一事实的背景资料。脚注同样是一个据以了解如何深入研究某一问题的非常有用的索引。

不过,分寸适当与卖弄学问之间同样是有界限的。在这本书里,凡是我引用的公开文献、书籍、杂志上发表的文章或者任何种类的特定原始资料,都会注明出处。关于 1929 年的许多资料可以在当时的一般报刊和财经报刊上找到。如果系统地援引这些原始资料,那么就得没完没了地注明这些文献的出处。因此,我没有这样做。一般来说,如果没有注明出处,那么读者就可以推断资料引自《纽约时报》《华尔街日报》以及当时的其他大众报刊。

目　录

CONTENTS

1

“幻想、漫无边际的企盼和乐观态度”

一

1928 年 12 月 4 日，柯立芝(Calvin Coolidge，1872～1933 年，美国第 30 届总统，1923～1929 年在沃伦 · G. 哈丁总统去世后就职。——译者注)总统在重新召开的国会会议上最后一次发表国情咨文。即使再消沉的国会议员也必然会在总统的讲话中找到安慰。“美国国会开会审议国情咨文，从未遇到过比现在更加令人鼓舞的繁荣景象。在国内方面，人民安居乐业……我们迎来了前所未有的繁荣年代；在国际方面，和平是主流，基于相互理解的友好……”他对议员们说，他们和全国人民可以“对目前的形势感到满意，并且以乐观的态度展望未来”。他打破了美国最古老的政治常规,忘记了把国泰民安归功于他领导的政府。“前所未有的繁荣昌盛主要有赖于美国人民的品质和团结。”

整整一代历史学家都指责柯立芝由于盲目乐观而看不见一场正在国内外孕育的暴风骤雨。这是很不公平的。预测灾难,既不要勇气也不需先见之明。在形势一片大好的时候预言灾难,才需要勇气。历史学家们为能指责这个错误地预言太平盛世的预言家而感到欣喜,但绝不会数落错误地预言哈密吉多顿(即世界末日善恶大决战)的人。

柯立芝把他发表国情咨文时的世界说成是太平盛世,实在是言过其实。当时的真实情况就如开明的愤世嫉俗者们所坚持认为的那样,富人致富的速度远远快于穷人脱贫的速度。当时的农场主是不幸的,而且从来没有像1920～1921年发生萧条以后那样不幸:农产品价格急剧下跌,而生产成本却节节攀升。南方的黑人和阿巴拉契亚山脉南部的白人继续在毫无希望的贫困中挣扎。一栋栋美丽的高山墙、大格子玻璃、木结构、模仿古老英式别墅的住宅在有乡间俱乐部的地方拔地而起,而在东部以外比较遥远的城镇,卫生条件极差的贫民窟到处可见。

尽管如此,20世纪20年代对于美国来说仍然是美好的岁月。生产和就业都保持着高水平,并且呈现继续增长的趋势。虽然工资上涨不是很快,但物价稳定。尽管许多人仍然很穷,但是更多的人过上了小康生活,或者变得比以前任何时候都富有了。最后,美国资本主义无疑是处在一个生机勃勃的时期。1925～1929年间,制造企业从

18.39 万家增加到了 20.67 万家,其产值由 608 亿美元增加到了 680 亿美元。[1]美国联邦储备工业生产指数在 1921 年只有 67 点(1923～1925 年为 100 点),到了 1928 年 7 月上涨到了 110 点,而在 1929 年 6 月更是高达 129 点。[2]1926 年,美国生产了 430.1 万辆汽车。而 3 年以后的 1929 年,美国的汽车产量达到了535.8 万辆[3],比 1926 年增加了 100 多万辆。美国 1929 年的汽车产量可以非常体面地与 1953 年的 570 万辆这个统计数字相比。营业收入迅速增长,这可是经商做生意的大好时机。的确,就连当时最有偏见的历史学家也不得不私下里承认这是一个千载难逢的大好时光,尽管他们几乎都加入了指责柯立芝没能看到"经济过于繁荣,不可能持续下去"的行列。

这种铁的代偿定律观——20 世纪 20 年代经历了 10 年的好时光,30 年代必将遭遇 10 年的坏年景——值得我们在后面回过头来进行讨论。

二

就连柯立芝也应该能够看到 20 世纪 20 年代发生的一件事情。这件事与美国人的性格有关。柯立芝把美国人的性格吹得天花乱坠。尽管美国人具有他所赞美的纯真品质,但同时他们也暴露了渴望以最小的努力为代价、迅速发财致富的心态。当时,美国人的这种性格特征在佛罗里达州表现得淋漓尽致。20 年代中期,美国迈阿密、迈阿密滩、柯洛盖博斯、东海岸远至北方的棕榈滩以及墨西哥湾的沿海城市都受到了佛罗里达州房地产价格暴涨的冲击。佛罗里达州的房地产价格暴涨，包含了传统投机泡沫的全部因素。佛罗里达州具有各种不可或缺的重要因素，那里冬天的气候好于纽约、芝加哥或者明尼阿波利斯。收入的增加和交通条件的改善使得佛罗里达州与冰天雪地的北方之间的交通变得越来越便利。确实，每年一到季节，富人便乘飞机南下，就如同加拿大黑雁迁徙那样有规律，令人印象深刻。

人们不论男女，继续在这些不可或缺的实际因素上构筑一个投机的虚幻世界。生活在这个世界上的不是被说服而相信的人们，而是寻找理由去相信的人们。对于佛罗里达州的情况，人们宁可相信，整个佛罗里达半岛很快就会住满来这里度假和晒日光浴的游客。公共海滩、沼泽、湿地和灌木丛都将成为具有价值的东西，多么令人神往的景象！佛罗里达州的气候显然无法确保这一美景成真，但的确能使那些宁可相信美景能够成真的人信以为真。

不过，投机并不会完全取决于自欺欺人的能力。在佛罗里达州，土地被分割成建房用的地块，并且以收取相当于地价10％的定金的方式出售。很明显，在这些被人嫌弃的土地中有很多经过这样的换手以后，令买进它们的人与过路人一样都感到讨厌。买地的人并不指望在那里盖房子居住。难以想象真会有人来这里居住。这只不过是一些不切实际的考虑。现实是：这些不确定的资产每天都在增值，并且在半个月内就能够转手赚钱。投机心理的另一个特征就是，随着时间的推移，人们透过增值的事实去探究其原因的倾向大大减弱。只要出于营利的目的，为卖而买的人数供给的增加足以维持价格上涨的速度，人们就没有不这样做的道理。

整个1925年,对不费力气发财致富的追求驱使人们来到佛罗里达州,佛罗里达州的人口以令人满意的速度持续增长。每个星期都有更多的土地被分割成待售的地块。那些被不严谨地称为海滩的地方离海水的最短距离扩大到了5英里、10英里甚至15英里。郊区离开城镇的距离变得令人吃惊。随着投机热向北蔓延,一个名叫查尔斯·庞氏(Charles Ponzi)、很有魄力的波士顿人,在杰克逊维尔“附近”开发了一个小区,大约距离杰克逊维尔城以西65英里。(此外,庞氏提倡良好、亲密的邻里关系,他把1英亩土地分割成23个地块出售。)在地块位于城镇附近的情况下,以曼哈顿房地产公司为例,开发的房地产“距离繁荣、发展迅速的内蒂城不超过3/4英里”。该城因此而不复存在。佛罗里达州的交通拥堵变得如此的严重,以至于1925年秋天,铁路部门被迫宣布停运不重要的货物,包括开发小区用的建筑材料。地价上涨的速度令人惊讶。迈阿密40英里以内的“内陆”地块卖到了8 000～20 000美元;滨水地块价格涨到了15 000～25 000美元;真正的海滨地块价格则高达20 000～75 000美元。[4]

不过,到了1926年春季,对于维持价格上涨绝对必要的新购买者“供给”开始后劲不足。正如1928年和1929年所显示的那样,由大繁荣构建的动力顷刻间烟消云散。1926年,开发商看涨的预期抵消了潜在买主趋减的供给。[就连曾经极力反对“黄金十字架”的大教堂喉舌威廉·詹宁斯·布赖恩(William Jennings Bryan,1869～1925年,美国国会议员,曾三次参加总统竞选,均告失败,后任国务卿,曾发表充满激情的演说“黄金十字架”。——译者注)一度也曾应募加入了可怜的出售沼泽地的行列。]但是,这次繁荣没有因其自身的势头而导致价格暴跌。1926 年秋天,两场热带风暴,用弗雷德里克·刘易斯·艾伦(Frederick Lewis Allen,1890～1954 年,美国编辑、历史学家,因编辑《哈珀一家》以及社会历史学著作而闻名。——译者注)的话来说,显示了“当一场‘具有镇静作用的热带风暴’开始在西印度群岛迅速形成时可能出现的情景”。[5] 其中最强烈的一场热带风暴于 1926 年 9 月 18 日造成 400 人死亡,卷走了数千房屋的屋顶,海水把豪华的游艇卷到了迈阿密的街道上。当时,舆论普遍认为,热带风暴对地价暴涨提供了有助于“健康”的喘息机会,尽管当天就有人预测地价随即就会恢复上涨。据 1926 年 10 月 8 日的《华尔街日报》报道,一个名叫彼得·O. 奈特(Peter O. Knight)的海岸警卫队官员和一个对佛罗里达州的未来充满信心的虔诚“信徒”承认,有 1.7 万～1.8 万名难民需要帮助。不过,奈特又补充说:“佛罗里达州没变,依然资源丰富,气候宜人,地理位置优越。它是美洲的里维埃拉(里维埃拉是地中海沿岸的旅游胜地。——译者注)。”他还表达了自己的担心:“为赈灾而募集的红十字会基金对佛罗里达州造成的永久性损失大于所募集到的基金的赈灾作用。”[6]

这种勉强承认末日来临的态度与传统模式是一脉相承的。佛罗里达州的繁荣终于结束了。1925 年,迈阿密的银行结算金额是106 652.8万美元,而到了 1928 年已经下跌到了14 336.4 万美元。[7] 那些曾经低价出售土地,并且因后来地价上涨了 1 倍、2 倍甚至 3 倍而后悔不已的农场主,现在有机会以连锁拖欠的方式买回土地。有时候,农场主买回的土地上已经修建了有名的街道、人行道和路灯,而且税金和评估费是之前地价的好几倍。

佛罗里达州的繁荣是 20 世纪 20 年代美国人坚信上帝想要美国中产阶层发财致富的心态的最初表现。不过，这种心态在佛罗里达州地价暴跌过后变得更加明显。当时，人们普遍认为，佛罗里达州的事态已经严重恶化，虽然从事土地投机的人数与后来参与股市投机的人数相比当然是少得可怜，但几乎每个社群都有人因在佛罗里达州遭遇惨败而出名。在“南海泡沫”破灭后的一个世纪里，英国人始终用怀疑的目光看待哪怕是最著名的股份公司；而美国人即使在佛罗里达州的繁荣破灭以后，希望不费力气地通过股票市场来迅速发财致富的信念仍然与日俱增。

三

很难说清，20 世纪 20 年代的股市繁荣是从什么时候开始的。那个年代普通股价格上涨是有其合理原因的：公司收益良好，并且趋于增加；前景看好；20 年代初，股价偏低，收益增加。

1924 年下半年，证券价格开始上涨，涨势一直持续并延续到 1925 年底。1924 年 5 月底，《纽约时报》25 种工业股票价格平均指数为 106 点，到了这一年年底上涨到了 134 点。[8]截至 1925 年 12 月 31 日，股价指数几乎又上涨了 50 点，达到了 181 点。1925 年全年股价走势非常平稳，其中只有两个月，股价没有明显上涨。

1926 年出现了某种衰退迹象。年初，经济略有萎缩。很多人认为，上一年股价上涨是没有道理的。2 月，股市严重下挫；到了 3 月，确切地说，股市突然崩盘。《纽约时报》工业股指数由年初的181点下跌到2月底的172点，接着又狂泻近30点，到3月底已经跌到了143点。随后，股市又止跌回升。另一次股市中度下调发生在10月，就在飓风把佛罗里达州仅剩的一点繁荣痕迹吹得荡然无存之后。不过，股市很快得到了恢复，年底股价已经基本恢复到年初的水平。

1927年，经济真的开始增长，股票价格日复一日、月复一月地上涨。股价涨幅用后来的标准来衡量还不能算大，不过是一个重要的可靠性表现。1927年全年也只有两个月的股价平均指数没有上涨。5月20日，当林德伯格(Lindbergh，即查尔斯·奥古斯都·林德伯格，1902～1974年，美国飞行员，于1927年5月20～21日首次单独驾驶飞机飞越大西洋。——译者注)独自驾机从罗斯福·菲尔德直飞巴黎时，相当一部分美国公民并没有意识到这一事件的重要意义。当天，股市又出现小幅上扬，这时候已经吸引了一大批不关心“天上”问题的“皈依者”。

1927年夏天，亨利·福特停止生产他那不朽的T型轿车，并且关闭了生产T型车的工厂，为投产A型车进行准备。美国联邦储备工业生产指数下跌，大概是由于福特汽车厂停产的缘故。此时，人们普遍开始谈论萧条问题。不过，对股市的影响还不易察觉。1927年底，生产重又回升。《纽约时报》工业股平均指数达到了245点，年净增幅高达69点。

从股市的角度看，1927年是具有历史意义的一年。根据一种长期被接受的观点，就是在这一年播下了末日性灾难的种子。责任在于一次慷慨但又愚蠢的国际主义行动。有人，包括胡佛，认为这简直是一种叛国行为,尽管当时对叛国的指控还比较谨慎。

1925 年,在时任英国财政大臣的温斯顿·丘吉尔(Winston Churchill,1874～1965 年,英国政治家和作家,1924～1929 年任财政大臣,1940～1945 年和 1951～1955 年两度出任英国首相。——译者注)的倡议下,英国恢复实行以前或者说第一次世界大战以前维系黄金、美元和英镑之间关系的金本位制。无疑,丘吉尔被昔日的英镑或者可兑换 4.86 美元的英镑的辉煌,而不是——现在普遍认为丘吉尔不懂——英镑币值高估的微妙结果所打动。但是,后果是实在的并且也是严重的。英国的消费者现在必须用昂贵的英镑以仍然反映战时通货膨胀的价格购买商品。因此,对于外国人来说,英国是一个没有消费吸引力的地方。由于同样的原因,英国却是一个便于销售的地方。从 1925 年开始发生的一系列外汇危机,就像是特拉法尔加广场上的名胜和皮卡迪利大街上的步行者,当时已经成为英国景观的重要组成部分。英镑高估同样导致了令人讨厌的国内后果。煤炭市场的不景气,以及为了降低成本应对世界竞争而做出的努力导致了 1926 年的大罢工。

接着,黄金便从英国和欧洲源源不断地流入美国。如果一个国家的商品价格很高,而利率又很低,那么就可能阻止黄金流入(就采购和投资而言,美国当时是一个穷地方)。1927 年春天,三个令人敬畏的朝圣者——英格兰银行行长蒙塔古·诺曼(Montagu Norman)、左右逢源的德意志银行行长雅尔玛·沙赫特(Hjalmar Schacht)和法兰西银行副行长查尔斯·李斯特(Charles Rist)——风尘仆仆地来到美国,力劝美国联邦储备银行推行放松银根的货币政策(以前,他们成功地为1925年推行大致相似的政策进行过辩护)。美国联邦储备银行被迫就范。纽约联邦储备银行的再贴现率从4%降低到了3.5%。政府大量买进发行在外的证券,其必然的结果就是使抛售政府证券的银行和个人持有了备用现金。一名持不同意见的联邦储备委员会成员阿道夫·C. 米勒(Adolph C. Miller)后来把这次降低再贴现率的行动描述为"联邦储备系统有史以来最伟大和大胆的业务操作……导致了75年以来联邦储备系统或其他银行系统所犯的代价最为昂贵的错误"。[9]因联邦储备系统放松银根而变得可利用的资金不是投资于普通股,就是帮助别人融资购买普通股(而后者更加重要)。这样,人们就有了资金,并匆匆投入股市。当时阅读人数最多的报道也许就是伦敦经济学院莱昂内尔·罗宾斯(Lionel Robbins)教授的讲话。他断言:"种种迹象表明,形势已经完全失控。"[10]

关于联邦储备当局在1927年采取的行动是随后投机与股市崩盘的罪魁祸首的观点从来也没有被真正动摇过。这种观点具有吸引力的原因就在于它简单易懂,并且为美国人民和美国经济开脱了一切重大罪责。由着外国人操纵的危险众所周知,而诺曼和沙赫特因为其险恶的动机而臭名昭著。

但是,这种解释显然假设:只要能够筹集到资金,人们总会进行投机。不过,案例更能说明问题:信贷充盈、便宜(比1927~1929年要便宜许多)且当时投机可忽略不计的情况,已经发生过多次,并且持续了很长时间。就如下文所指出的那样,除了不想控制以外,1927年以后没有发生过投机失控的情况。这种解释仅仅证明了人们在经济问题上重新偏信那些不可思议的胡话。

四

直到1928年初之前，就连思想保守的人也会认为，普通股价格是因为公司收益的增长、人们对经济将继续增长的预期、和平且稳定的形势，以及美国人确信华盛顿政府权力稳定并只会征收必需的税收而上涨的。1928年初，繁荣的性质发生了变化。人们为了逃避现实而变得想入非非，无节制的投机行为真的大量涌现。不过，仍然有必要恢复那些多少还能面对一点现实的人们的信心。正如下面要介绍的那样，这种恢复信心，就像利用佛罗里达州的气候创造房地产繁荣，其过程最终达到了一种职业的水平。时机终于到来，如同在所有的投机时期一样，人们不是努力去相信事实，而是寻找理由逃往新的梦幻世界。

1928年，有许多迹象表明，这种情况已经发生。最明显的迹象就是市场表现。虽然在1928年冬季的几个月里，市场还相当平静，但此后，股市开始飙升，而不是缓慢、平稳地上涨。有时候，股市也会以同样的方式狂泻，不过很快就会恢复并进一步攀升。1928年3月，工业股平均指数上涨了近25点。关于股市大涨的新闻经常出现在报纸的头版上。新发行的个股有时一个交易日就能上涨10美元、15美元甚至20美元。3月12日那天，从许多方面来看，已成为当时投机象征的"无线电股"猛涨了18美元；第二天的开盘价就比上一交易日高出22美元。后来，纽约证券交易所对这只股票的交易行为展开调查的消息公布以后，该股的股价下跌了20美元，接着又上涨了15

美元，随后又下跌了 9 美元。[11]几天以后，市场走强，无线电股重又上涨了 18 美元。

1928 年 3 月的火暴行情同样前所未有地使大职业交易商大为受益。竞争市场理论把股票交易所描绘成最缺乏人性的市场。没有一种学说比该理论更加令人羡慕地受到证券交易所的提倡者和拥护者的捍卫。“交易所是一个通过价格来体现基本供求规律的市场”，纽约证券交易所在谈到自己时如是说。[12]然而，就连最虔诚的华尔街金融大亨有时候也会承认，有很多人为影响因素左右着他们的命运。一些大人物躲在某个地方操纵着股价的涨跌。

随着火暴行情的发展，用当时流行的观点或至少投机的观点来看，大人物们变得越来越无所不能。根据这种观点，3 月，大人物们决定哄抬股市，就连一些严肃的学者竟然也倾向于认为一次联手行动导致了这次股市高涨。如果是这样的话，那么这个重要人物就是约翰·J. 拉斯科布(John J. Raskob)。拉斯科布有许多非同寻常的关系。他当时任通用汽车公司的董事，又是杜邦公司的姻亲，不久又经阿尔·史密斯(Al Smith)提名当选为民主党全国委员会主席。一名研究股市的当代学者、俄亥俄州立大学查尔斯·阿莫斯·戴斯(Charles Amos Dice)教授认为，拉斯科布出任民主党全国委员会主席是华尔街享有新的威望以及受美国人民尊敬的一个特殊标志。“如今，”他指出，“这样一个精明、老于世故的大党候选人居然把一个著名的股市交易商推选为信誉的创造者和民众选票的获得者。”[13]

1928 年 3 月 23 日，拉斯科布在临上船去欧洲时发表了讲话，他看好这一年后三个季度的汽车销售和通用汽车公司参股企业的股票。他可能同时还指出,通用汽车公司的股票应该按不低于 12 倍市盈率的价格出售,不过这一点缺乏充分的证据。不低于 12 倍的市盈率就意味着 225 美元的股价,而当时通用汽车公司的股票价格大约在 187 美元。就像《纽约时报》载文指出的那样,这就是“他的名字的魔力”,拉斯科布先生“有节制的乐观估计”就把股市推向了沸点。3 月 24 日,星期六,通用汽车的股票上涨了将近 5 点,接下来的星期一涨到了 199 美元。其间,通用汽车公司股价的飙升引发了其他股票的交易狂潮。

其他被认为对股市暴涨推波助澜的大腕还有威廉·克拉普·杜兰特(William Crapo Durant,1861～1947 年,美国实业家,组建了美国别克汽车公司、通用汽车公司和雪佛莱汽车公司。——译者注)。杜兰特是通用汽车公司的创始人,1920 年被拉斯科布和杜邦赶出了公司。他在汽车业大玩了一把之后,改行专门从事股票投机生意。费希尔(Fisher)兄弟同样被认为颇具影响力。他们也在通用汽车公司做过事,后来把几家费希尔车身厂给卖了,携着卖厂获得的巨款来到华尔街。另外,还有一个名叫阿瑟·W. 卡藤(Arthur W. Cutten)的,是出生在加拿大的谷物投机商。他刚把自己的业务从芝加哥交易所转到了华尔街。作为市场交易员,卡藤克服了巨大的生理障碍(他患有严重的听力障碍)。几年以后,在一次国会听证委员会举行的听证会上,就连他的辩护律师都承认,他的记忆力存在严重缺陷。

戴斯教授把这些人看作一个整体,尤其被他们“对未来的幻想、漫无边际的企盼和乐观态度”所震惊。他指出,“他们没有穿戴传统的‘笨重盔甲’进入了股市”。在罗列他们对股市的影响时,显然戴斯教授觉得用英语几乎无法充分表达他的思想。"在这些汽车业、钢铁业、无线电通信业等行业大亨的引导下,"他说道:"再加上最终有许多绝望的职业交易商(在经过很多次的悔恨以后,终于产生了前进的幻想)的加盟,柯立芝所吹嘘的市场就像小居鲁斯(Cyrus the Younger,公元前424~公元前401年,波斯王子,曾率领希腊军队进攻其兄阿尔塔薛西斯二世。——译者注)率领的军队方阵一样,一个巴勒桑(古代波斯的距离单位,约合5.6千米。——译者注)一个巴勒桑地向前推进……"[14]

五

1928年6月,股市向后退却了一两个巴勒桑——事实上,6月的前三个星期,其跌幅几乎已经达到了3月份的全部涨幅。6月12日,这一天的损失尤为惨重,具有里程碑意义。在1年或更长的时间里,抱有幻想的人们总是在寻思,纽约证券交易所日成交量达500万股的那一天兴许就会到来。从前,这只是人们广泛谈论的话题,但偶尔也会出现随后被事实所验证的征兆。1928年3月12日,股市成交量达到了387.591万股,创下了新高。但是,到了3月底,这样的成交量已经成了家常便饭。3月27日,成交量达到了479.027万股;而6月12日则有505.279万股股票换手。行情表也跟在股市后面几乎每2小时刷新一次。美国无线电公司的股价下跌了23美元,纽约的一家报纸开始列数当天发生的事件,并且报道说"华尔街的牛市昨日崩溃,爆炸声响彻世界各国"。

自马克·吐温的死讯公布以来,牛市"死亡"的消息是最早提前公布的。7月,股市出现小幅上扬,8月强劲反弹。此后,股市再也没有反弹,即使选举提案也没有产生真正的影响。9月17日,罗杰·沃德·巴布森(Roger Ward Babson,1875～1967年,美国金融统计学家,准确地预测到1929年10月的股市崩盘。——译者注)在马萨诸塞州韦尔斯利镇向听众发表讲话说:"如果史密斯[指阿尔弗雷德·史密斯,Alfred Smith,1873～1944年,美国民主党人,纽约州长(1919～1920年,1923～1928年),1928年在总统竞选中被赫伯特·胡佛击败。——译者注]当选,并且民主党在国会占据多数席位,那么我们几乎可以肯定1929年会因此而遭遇经济萧条。"他同时还说:"如果胡佛当选,并且共和党在国会占据多数席位,那么结果应该是1929年将继续繁荣。"也许,公众已经知道胡佛会当选总统。不过同月,重要的权威人士重又恢复了信心。安德鲁·威廉·梅隆(Andrew William Mellon,1855～1937年,美国金融家、政府官员,1921～1932年担任美国财政部长。——译者注)发表讲话说:"没有担心的理由。繁荣的高潮仍将持续下去。"

梅隆先生并不擅长预测,此后说类似话的任何其他公众人物同样都不善于预测。他们的预测都不灵验。我们不能认为喜欢预测的人就能够比其他人看得更远。梅隆先生参加了一个在我们的社会里被认为对影响商业周期进程具有重要意义的仪式。据称,郑重声明繁荣将持续下去有助于保证繁荣实际持续下去。特别是实业家非常相信这种咒语的功效。

六

胡佛是以绝对优势当选总统的。由于投机商们对胡佛的想法了如指掌,因此胡佛的当选应该会对股市造成沉重的下跌压力。胡佛在他的回忆录里陈述说,1925 年他就开始为“日益高涨的投机热潮”忧心忡忡。[15] 在以后的岁月里,这种担心逐渐变成了警告,后来又变成了略微轻于巨灾前兆的东西。“这是犯罪,”胡佛先生在谈到投机时说道,“投机是比应该受到指控和惩罚的凶杀更严重许多的罪恶。”[16] 早在担任商务部长时,他怎么就没有想到把市场置于政府的控制之下呢?

可是,胡佛先生对市场的态度是一个保守得特别好的秘密。人们不可能知道,他为了把自己的思想付诸行动而做出的努力统统被柯立芝和美国联邦储备委员会给糟蹋了。他当选总统的消息在一定程度上遏制了人们的恐慌心理,并且引发了到那时为止最大的买盘。1928 年 11 月 7 日,他当选总统后的第一天,股市出现了“胜利”的暴涨行情,一些领涨股攀升了5～15点,成交量达到了489.467 万股,或者说仅略低于 6 月 12 日的最高纪录,而且这个新的成交量水平是在市场看涨而不是看跌的情况下达到的。11 月 16 日,一股更大的多头浪潮冲击了股市。换手率达到了惊人的664.125 万股——远远高于此前的纪录。《纽约时报》工业股平均指数在一个交易日里净涨了 4.5 点,这在当时被认为是不寻常的涨幅。除了总统大选的余热之外,没有任何特殊的因素能够激发这股热情。这一天各家报纸的头条新闻只报道了韦斯特里斯号轮沉没以及全体船员奋力抢救妇女、儿童而献出自己生命的壮举。11 月 20 日是另一个不寻常的日子,当天股市成交650.323 万股,略小于第 16 大日成交量,但一直有人认为股市的表现其实要疯狂得多。第二天上午,《纽约时报》载文指出,“就飓风般的猛烈程度而言,昨天的股市是华尔街历史上前所未有的”。

1928 年 12 月份的股市就没有那么好了。12 月初,股市严重下挫。而 12 月 8 日,美国无线电公司的股票更是一天惨跌 72 美元。不过,股市还是稳住了阵脚,并且有所回升。1928 年全年,《纽约时报》工业股平均指数上涨了 86 点,也就是从 245 点上涨到了 331 点;同年,美国无线电由 85 美元上升到了 420 美元(从未分过红利);杜邦公司的股票从 310 美元上涨到了 525 美元;蒙哥马利 · 沃德(Montgomery Ward)公司的股票从 117 美元上涨到了 440 美元;赖特航空公司的股票从 69 美元上涨到了 289 美元。[17] 1928 年,纽约证券交易所年成交量高达 920 550 032 股,大大超过了 1927 年创纪录的 576 990 875 股。[18] 不过,另外还有一个意义更重要的反映股市状况的指标,那就是保证金交易显著增长。

七

如前所述,等股市暴涨到一定程度以后,除了早些时候的股价上涨预期之外,财产所有权的各个方面变得互不相关。财产收益或财产使用权的享用,甚或财产的长期价值现在都成了理论问题。就如更加令人讨厌的佛罗里达州地块一样，这些用益权也许根本就不存在，甚至呈负值。重要的是第二天或者下星期市价能够上涨——就像前一天或者上星期一样，并且能够实现利润。

因此，繁荣时期所有权人唯一感兴趣的回报就是增值。虽然对增加值的权利可以以某种方式与其他现在已经不重要的所有权收益以及各种可能发生的所有权费用相分离，但这种现象深受投机者的欢迎。这样的权利、收益与费用安排能够使投机商集中精力从事投机交易。毕竟，投机才是他们的事业。

这就是资本主义的本质：无论哪里，只要有真正的需求存在，都不可能长期没有供给去满足需求。在疯狂的投机年代，投机商总有办法使自己全身心地投入投机事业。在佛罗里达州繁荣时期，投机者采用的是"保证金"交易方式。不是购买土地本身，而是购买土地的权利，按照谈定的价格进行交易。这种购买权，只要支付相当于买价10%的定金就能够获得，并可以出售。因此，地价上涨的收益全部归投机者所有。等地价上涨以后，投机者再以自己支付的定金加上全部溢价的价格出售"保证金"。

无论是土地还是任何其他资产，最糟糕的所有权费用就是需要支付相当于购买价款的现金。采用保证金交易方式，就能够使这笔费用减少90%，或者说可以把投机者能赚取溢价的土地面积增加9倍。买主幸运地放弃了其他所有权利益，包括绝不会产生的当期收益和投机者丝毫不感兴趣的永久使用权。

证券市场同样也有使投机者精力集中的办法，并且像所期待的那样，充分完善房地产市场不成熟的做法。在证券市场上，采用保证金交易方式购买证券的买主能够在一项无条件交易中获得全部的财产所有权。不过,他得采用把所购买的证券作为抵押品托付给证券经纪人换取银行贷款的方式,来为自己免除最不堪忍受的所有权费用——支付购买证券的价款。证券买主同样获取全部的溢价收益——如果证券价格上涨,而购买证券的贷款利率固定不变。在证券市场上,投机性买主同时获取他所购买的证券的收益。不过,在发生本书所讲的故事的日子里,证券买卖收益几乎始终低于贷款利率,通常要低很多。证券收益最高往往不超过1%～2%,而贷款利率常常高达8%～10%,甚至更高。那时,投机者一般都愿意承担贷款利息,以处置证券所有权中除获取资本利得以外的全部用益权。

华尔街分离投机机会与不必要的所有权回报及费用的机制具有独创性和精确性,并且很有吸引力。银行向证券经纪人提供资金,证券经纪人再把贷款发放给自己的客户,而抵押品顺畅地、几乎自动地存放到银行那里。保证金——投机商为担保贷款除抵押证券以外还必须预付的现金;如果抵押证券的价格下跌并低于它们的担保额的话,投机者就必须追加保证金——很容易计算和监管。在利率上涨迅速的情况下,市场很容易根据资金需求来调整资金供给。不过,华尔街绝不能流露自己对这种制度安排的自满情绪。这些制度安排只有在同它们的目的联系在一起的时候才令人吃惊、叫绝。它们的目的就是帮助投机者,并方便投机。但是,这种目的是不能容忍的。如果华尔街承认这个目的的话,那么成千上万品行端正的人就不会求助于这种制度安排,而会对它们为虎作伥的行为进行谴责,并且要求对此进行改革。我们不应该从保证金交易有效、灵活地帮助投机者的角度，而应该从它鼓励大额交易、活跃市场的角度来为它进行辩护。保证金交易充其量只是一种开始并不起眼、效果受到怀疑的意外发现。在这方面，华尔街就像是一个妩媚动人、多才多艺的女人，但必须穿着黑色长筒棉袜、毛织内裤，像厨师一样炫耀自己的才艺，因为很不幸，她的最大成就就是当好妓女。

不过，即使证券市场最慎重的拥护者也会承认，证券经纪人贷款，即由采用保证金交易方式购买的证券作为抵押品的贷款，其规模是一个反映投机规模的良好指标。用这个指标来衡量，1928 年，投机金额增长非常迅速。20 年代初期，证券经纪人贷款，通常因其流动性而被用作短期贷款或短期拆借市场贷款，其规模在 10 亿～15 亿美元，到了 1926 年年初已经扩大到了 20 亿～25 亿美元，并且在这一年的其他月份里一直保持着这个水平。1927 年，证券经纪人贷款大约又增加了 10 亿美元，年底已经达到34.807 8 亿美元。这是一个令人难以置信的数额，但这仅仅是开始。在 1928 年冬季阴冷的两个月里，贷款规模略有收缩，然后扩张才真正开始。1928 年 6 月 1 日，证券经纪人贷款规模达到了 40 亿美元，11 月 1 日扩大到了 50 亿美元，到年底一路攀升到了 60 亿美元。[19]这可是前所未有的壮举。

人们纷纷采用保证金交易方式购买股票，换句话说，在不承担所有权费用的情况下赚取溢价。起初，人们还认为这笔所有权费用由纽约的银行来承担。但是，纽约的银行很快就成了全美乃至全世界贷款人的代理商。至于为什么有这么多的人愿意把那么多的钱贷放给纽约，这里没有什么秘密可言。证券投机的悖论之一就是用于证券投机的贷款是最安全的投资。它们由在任何正常情况下随时可以变现的股票和保证金担保。如前所述，放出去的贷款随时可以要求归还。1928年初，这种流动性极强、安全性极优的无风险资金出路能赚取5%的利息。5%的利息是上好的金边债券的回报率。1928年全年，贷款利率持续上涨，到了这一年的最后一个星期已经涨到了12%，而且不用承担丝毫风险。

蒙特利尔、伦敦、上海和香港都在谈论纽约的贷款利率。人们到处都在议论12%的利率。一条源源不断的“金河”开始流向华尔街，帮助美国人通过支付保证金来持有普通股。各公司也觉得这样高的利率颇有吸引力。按照12%的利率，华尔街甚至可以为一家公司的营运资本找到比扩大生产更有利可图的用途。少数企业做出了这样的决定：与其从事产品生产，去忍受各种各样的麻烦和不便，还不如把资金放出去，用于投机。越来越多的公司开始把多余的资金借给华尔街。

不过，还有比这更好的赚钱方法。原则上，纽约的银行都能够以5%的利率向联邦储备银行贷款，然后按12%的利率把贷款投放到短期拆借市场。实际上，它们也这么做了。这也许在任何时候都是最有利可图的套利交易。

八

不过，在1928年有许多赚钱的方法，从来也没有出现过比这更好的发财机会，而且人人都明白这个道理。确实，1928年是美国人快乐、不受约束、绝对幸福的最后一年。1928年并非因为太好而无法持续下去，而仅仅是没能持续下去。

威尔·佩恩(Will Payne)在对刚过去的1928年的奇迹进行了思考以后,在1929年1月号的《世界劳工》上撰文解释了赌徒与投资者之间的区别。他指出,赌徒能赢钱,是因为别人输钱;而投资者却人人都能获利。他还解释说,一个投资者以100美元的价格买进通用汽车公司的股票,然后以150美元的价格卖给另一个投资者;后者又以200美元的价格卖给其他投资者。这样,每个投资者都能赚钱。就如沃尔特·白芝浩(Walter Bagehot,1826～1877年,英国经济学家、社会科学家和记者。——译者注)曾经指出的那样,"当人们愉快的时候,都非常容易轻信"。[20]

注释

[1]U.S.Department of Commerce,Bureau of the Census,*Statistical Abstract of the United States*,1944－1945.

[2]*Federal Reserve Bulletin*,December 1929.

[3]Thomas Wilson,*Fluctuations in Income and Employment*,3rd ed.(New York:Pitman,1948),p.141.

[4]这些数据主要引自两篇关于佛罗里达州地价暴涨的文章,引自 Homer B. Vanderblue, *The Journal of Land and Public Utility*,May and August 1927。

[5]*Only Yesterday*(New York:Harper,1931),p.280. 关于这场热带风暴导致的损失的其他详细数据也都引自这本内容真实的书。

[6]Vanderblue,ibid.,p.114.

[7]Allen,ibid.,p.282.

[8]在本书中,笔者把《纽约时报》工业股平均指数作为证券价格水平的缩略

名称来使用。该指数是25种被《纽约时报》认为“交易活跃，表现良好、稳健，价格经常波动”的工业股未经加权处理的价格算术平均数。选择《纽约时报》股价平均指数，而没有选择道琼斯股价指数或其他什么股价指数，在很大程度上是任意所为。笔者关注《纽约时报》股价平均指数已有多年。与道琼斯指数相比，非专业观察者更容易理解《纽约时报》股价平均指数。同样，虽然道琼斯指数更加著名，但是它们包含一定的股市理论知识，不大适合我们现在使用。笔者之所以援用工业股平均指数，而不是铁路或商业股价指数，是因为工业股票是当时投机的焦点，显示了更大的波动幅度。除有不同说明以外，本书所援引的股价均为当日收盘价。

[9]在参议院委员会前所做的证词，引用自 Lionel Robbins, *The Great Depression* (New York: Macmillan, 1934), p.53。

[10]同上，p.53。

[11]Allen，同前，p.297。

[12]*Understanding the New York Stock Exchange*, 3rd ed. (New York: Stock Exchange, April 1954), p.2.

[13]*New Levels in the Stock Market* (New York: McGraw-Hill, 1929), p.9.

[14]同上，pp.6—7。

[15]*The Memoirs of Herbert Hoover: The Great Depression*, 1929—1941 (New York: Macmillan, 1952), p.5.

[16]同上，p.14。

[17]Dice，同前，p.11。

[18]*Year Book*: 1929—1930 (New York: Stock Exchange).

[19]1928年底的贷款金额是5 722 258 724美元，不包括证券经纪人定期贷款，引自 the New York Stock Exchange *Year Book*, 1928—1929。

[20]*Lombard Street*, 1922 ed. (London: John Murray, 1922), p.151.

2

应该做些什么

一

如果对过去进行全面的反思,那么很容易发现 1929 年注定是令人难忘的一年。这倒不是因为胡佛先生不久就当选了美国总统,并对市场怀有敌意,何况他对市场的抵触情绪至少有一部分是事后才发展起来的;也不是因为贤明人士断言萧条会被推迟。无论是聪明人还是愚笨的人,当时或现在谁都不知道萧条会在什么时候或推迟到什么时候发生。

相反,其原因仅仅是股市的一路走高,就像所有的市场繁荣一样,终究会走到尽头。1929 年 1 月 1 日,就像一个简单的概率问题,股市繁荣极有可能在这一年过去之前宣告结束,而只有很小的概率是在这之后的某一年里结束。当价格停止上涨的时候,即盼涨而买的买盘供给趋于枯竭的时候,靠保证金获得的所有权就会失去任何意义,而且人人都想抛盘。市场一旦失去平衡,就会一落千丈。

当时的情况就是这样,对正在发生的事情至少负有名义责任的人士态度相当复杂。由谁来监管监管者,这是最古老的政治难题之一。一个同样令人困惑但却从未受到应有重视的问题,就是由谁来使那些需要聪明才智的人变得聪明起来。

某些大权在握的人士希望繁荣能够继续下去。他们正在乘机赚钱,并且可能已经感觉到:一旦繁荣结束,就会有灾难等待着他们。不过,还是有人已经意识到,虽然是隐隐约约地意识到,疯狂的投机仍在持续,对此应该做些什么。可是,对这些人来说,每一项行动建议都会导致同样难以解决的问题。成功行动的后果几乎与无动于衷的后果一样可怕,对于采取行动的人来说甚至有可能更加恐怖。

泡沫可以被轻而易举地捅破。但是,用一根针来捅破泡沫,让它慢慢地破灭,这可是一项难度不小的任务。在 1929 年初就预感到要发生些什么的人士中,有人希望但并不相信暴涨的行情能够被平息下去。现实的选择就是立即有意识地策划股市下跌,或者任凭日后发生更加严重的灾难。如果股市崩盘,肯定有人会因此而受到谴责,但问题不在于倘若有意识地限制股市暴涨,那么谁会受到谴责(10 年来,联邦储备当局一直否认它对 1920～1921 年的通货紧缩负有责任);而任其日后发生灾难的选择也有其无法估计的好处,因为它允许“苟且偷生”几天、几个星期或者几个月。有人也许会表示怀疑,但 1929 年初的问题就局限于这两种如此严酷的选择。然而,无论是充耳不闻还是故意回避，这两种选择是当时每次关于如何对待市场的重要会议必须讨论的问题。

二

美国总统、财政部长、华盛顿联邦储备委员会以及纽约联邦储备银行行长和董事们，有责任在这两个不可回避的选择之间做出抉择。纽约联邦储备银行作为联邦储备系统实力最雄厚的银行，而且又在股市的“家门口”，应该并且切实承担不为联邦储备系统其他 11 家银行所接受的责任。

柯立芝总统既不明白也不关心正在发生的事情。1929 年，在卸任前几天，他热情洋溢地发表讲话说，经济状况“绝对健康”，股票“按现行价格来衡量还算是便宜的”。[1] 早些年，只要被告知投机就要失控，他就会认为这主要是联邦储备委员会的责任，并以此自慰。[2] 联邦储备委员会之所以是一个半自治机构，正是因为国会希望保护它免受行政当局过多的政治干预。

无论采用什么方式来表示他的顾忌，柯立芝总统总可以通过他的财政部长来采取行动。财政部长按照规定是联邦储备委员会的当然成员。财政部长同样负有经济政策尤其是金融政策方面的责任。但是，在这个方面正如在经济政策的其他方面，身为在任财政部长的安德鲁·W. 梅隆是一个热烈的不行动拥护者。于是，监管的责任就落到了联邦储备委员会和各联邦储备银行的身上。

监管经济，无疑是一种最粗俗、吃力不讨好的政府职能。基本上,几乎人人都会表示反对。经济监管永远只适用于不引人注意的次要问题。经济监管产生于国会喧闹的辩论。在国会辩论会上,压力集团赤裸裸的利益有时可能会招致令人讨厌的曝光。规章制度要靠互相扯皮的官僚机构来颁布和执行。这些官僚机构不断受到批评。最近几次,监管机构不得不一有机会就检讨监管不力。不过,监管不力也实在是太明显了。

这个乏味的故事的一个重要例外就是中央银行(在美国就是联邦储备系统)的监管行为。联邦储备系统的监管得体而又适当,没有人会对它的监管说三道四。一些十足的保守分子就会挺身支持这样的监管,假如他们被要求如此行动,但事实上却从未有过这样的要求。这种监管不是由数以千计的待在华盛顿草地广场周围办公大楼里的文秘人员、统计师、特派调查员和律师等来完成的工作,而是由一些从容不迫、风度翩翩的人士在富丽堂皇的大厅里,围着一张精致的会议桌坐在属于自己的固定席位上,通过严肃认真、秩序井然的讨论来完成的。这些人从不发号施令,最多是提出建议。他们的主要职责就是调整利率、买卖证券,通过这样的方式来推动或抑制经济。由于他们所采取的行动其意义没有被大多数人理解,因此,他们当然被认为具有过人的才智,而他们所采取的行动有时却会受到批评。不过,人们更经常地仔细观察他们的行动的"言外之意"。

这就是中央银行业务的奥秘所在,也是位于华盛顿的联邦储备委员会 1929 年令人敬畏的角色——指导和管理 12 家联邦储备银行的决策机构。然而,联邦储备委员会当时面临一个不和谐的难题:它是一个令人吃惊的无行为能力的机构。

在1927年前的几年里,该委员会的主席由一个名叫丹尼尔·R.科利辛格(Daniel R. Crissinger)的被认为有管理才能的人担任。他曾在俄亥俄州马里恩城的马里恩气动挖掘机公司董事会任职,并在那里接受了履行联邦储备委员会主席这一职务的"培训"。没有迹象表明他是个聪明的学者。不过,他的背景似乎令另外一个从马里恩来的人感到满意。这个人就是沃伦·G. 哈丁(Warren G. Harding,1865～1923年,美国第29届总统,死于任职期间,在总统任期内做出许多错误的任命决策。——译者注)。早在他被人视为来自俄亥俄州的雇用政客的时候,哈丁就把丹尼尔带到了华盛顿。1927年,科利辛格被罗伊·A. 扬(Roy A. Young)取而代之。扬曾经当过8年明尼阿波利斯联邦储备银行的行长。扬这个更有实力的人物无疑已经意识到了将要发生的事情。不过,他是一个做事谨慎的人,不想为支离破碎的繁荣牺牲自己而出名。在他的同事中间,许多都是接受哈丁、柯立芝总统任命的老人,但有一人例外,即从前当过大学教授的阿道夫·C. 米勒。他们被赫伯特·胡佛保守地称为"平庸之辈"。[3]

当时,纽约联邦储备银行在更有魄力的人领导之下。在1928年之前的几年里,纽约联邦储备银行行长一职由本杰明·斯特朗(Benjamin Strong)担任。本杰明·斯特朗是自尼古拉·彼德尔(Nicholas Biddle,1786～1844年,美国金融家和学者。——译者注)以来第一个作为中央银行行长而享有盛名的美国人。当时,他的观点受到整个联邦储备系统的尊重,只不过对他的敬畏略逊于对金本位制的敬畏。然而,在赫伯特·胡佛看来——而当时,胡佛的观点得到了广泛认同，斯特朗非但不担心通货膨胀，反而极力主张通货膨胀。1927年，就是他带头放开贷款利率，以帮助当时处境艰难的欧洲人。后来，胡佛先生因此称他为“欧洲的精神附庸”。[4]

这对斯特朗行长并不公平。斯特朗行长的行动在当时的情况下是完全合理的。不过，如同下一章所指出的，与提高总体借款能力相比，斯特朗采取的行动更有利于引发一场投机热。尽管如此，纽约联邦储备银行在斯特朗行长的领导下，并没有遭遇投机的严重干扰，即使在斯特朗行长于 1928 年 10 月去世，并由乔治·L. 哈里森(George L. Harrison)接任之后也没有受到严重的干扰。其中的一个原因无疑是人们对自己也忙于投机的上层人物感到放心。1929年 1 月 1 日成为纽约联邦储备银行 A 等董事的国民城市银行董事会主席查尔斯·E. 米切尔(Charles E. Mitchell)就是这样一个上层人物。股市繁荣的结束就意味着他的末日来临，而他并不希望匆匆结束自己的生命。

三

根据当时公认的历史记载，联邦储备当局也是不得已才表现得如此缺乏责任意识或者意愿，就像一个无行为能力的人。它也想抑制股市暴涨，但苦于缺乏手段，从而只能对问题视若无睹，并且掩饰了其面临困境的事实。

传统的控制手段确实已经没有用武之地。就像几乎每一个大学二年级以上的学生都知道的那样，传统的控制手段有两种：公开市场业务和操纵再贴现率。联邦储备系统在公开市场上出售政府证券[5],收进现金。这些现金存放在各储备银行的金库里,既不会生息也不会造成危害。但是,这些现金要是掌握在商业银行手中,那么就会以数倍的金额贷放给公众,尤其是当时准备购买普通股的投资者。

显然,要使这样的策略获得成功,联邦储备系统手中必须有证券可以出售。在发生萧条、战争和1930年以来为弥补赤字而筹措资金的那几年里,其意义无法估量的幸事就是美国政府对各联邦储备银行欠下的巨额债务。1929年,各联邦储备银行资金储备并不是很充足。1928年初,联邦储备系统持有政府证券6.17亿美元。上半年,联邦储备系统大肆抛售政府证券,以吸进流向股市的资金。尽管下半年因错误地认为这项政策已经取得成功,股价已经被置于控制之下,而没有继续执行,但联邦储备系统无论如何也无法长时间地坚持下去。1928年底,联邦储备系统剩余的政府证券库存只有2.28亿美元。要是把它们全部抛向市场,那么兴许能够收到一定的效果。联邦储备委员会不敢采取如此大胆的行动,因为这样做难免会使各联邦储备银行失去大量有收益的资产。在1929年的头几个月里,每次只抛售几百万美元的政府证券,效果并不显著。而且,即使继续奉行这项软弱无力的政策,联邦储备委员会也担心在杜绝资金流向股市的同时,不要同时收紧了“合理生意”的银根。各联邦储备银行继续买进承兑票据——在非投机性正常交易过程中出现的有价证券;而商业银行因为不必持有这种票据而可以放心地为股市提供更多的资金。

联邦储备委员会可以利用的另一种政策工具就是再贴现率。这是会员(商业)银行向所在辖区的联邦储备银行借款所采用的利率。通过向联邦储备银行借款,商业银行就能向更多的借款人融通资金。1929 年 1 月,纽约联邦储备银行的再贴现率是 5%;而证券经纪人贷款利率在 6%~12%。只有发生再贴现率剧涨的情况,才会使银行把从联邦储备系统那里借来的钱直接或间接地供给股市的做法变得无利可图。一下子大幅度提高再贴现率的行动除了会导致普遍反感以外,还会提高一般工商企业、消费者和农场主的借款利率。事实上,提高利率,除了影响股票投机者以外,还会影响到每一个人。1928 年,一个手中持有无线电公司股票的股民即使平均要支付(譬如说)10%的利息,也不会因为利率上涨 1 倍而抛掉手中的股票。同年,他会使自己的投资增值 500%。

1929 年 2 月 14 日,纽约联邦储备银行提议把再贴现率从 5%提高到 6%,以抑制投机。而位于华盛顿的联邦储备委员会则认为,这一措施毫无意义,只会提高工商企业的借款利率。结果,双方争执不下。在这场争执中,胡佛总统站在联邦储备委员会这边,反对纽约联邦储备银行。于是,再贴现率一直拖到夏天才得以调整。

当时还出现了另一种情况,为联邦储备当局不作为的行为提供了绝妙的借口。这就是前面提到过的公司和个人资金流入股市的问题。1929 年期间,新泽西标准石油公司(Standard Oil of New Jersey)平均每天向短期拆借市场提供 6 900 万美元的资金;电力债券与股票公司平均每天拆借资金 1 亿美元以上。[6] 少数公司,譬如城市服务公司就是其中之一,甚至出售证券,然后把出售证券所得的资金贷放到股市上。[7] 截至 1929 年初,这些非银行来源的贷款数额已接近银行贷款，后来又大大超过了银行贷款。联邦储备当局坚持认为它无法对这方面的资金供给施加影响。

四

其实，联邦储备系统之所以软弱无力，只是因为它自己心甘情愿。如果联邦储备当局真的决定有所作为，那么，譬如说，它可以要求国会授权自己提高保证金比例以终止保证金交易。1929年，保证金比例已经不低；一项保证金余额的新规定迫使大多数证券经纪人要求其顾客提高保证金比例(占其买进股票价款的45%～50%。这已经让他们的许多顾客倾其所有现金。如果保证金比例，比方说，提高到1929年1月的75%或者更高，那么就会迫使许多小投机者和相当一部分大投机商抛售手中的股票。股市暴涨的行情最终会奇迹般地突然消失(规定保证金比例的权力最终依照1934年——这一年投机热死灰复燃的危险相当于重新实施投机禁令的危险——的《证券交易法》授予了联邦储备委员会)。

现在，连新的立法或者立法威胁都不需要了。1929年，某个高层人物对投机者和投机行为的强烈谴责以及关于市场过热的警告，几乎肯定会导致价格下跌，并且使一部分人从虚幻世界回到现实中来。那些打算尽可能守在股市、伺机脱身(或做空)的人可能已经离场或清仓。他们的职业性神经过敏很容易转变为强烈的抛盘愿望。一旦有人开始抛盘，那么某种更加明确流露的悲观情绪很容易导致做空的势头持续下去。

这种措施的效果本身就是一个问题。在联邦储备系统所掌握的各种“武器”中,口头通报的结果最难预料,口头通报有可能产生立竿见影但又可怕的效果。此外,口头通报所造成的后果能够非常准确无误地归咎于发布通报的某人或某些人,而且报应会接踵而至。1929 年初,对于那些做事比较谨慎的联邦储备系统的官员来说,沉默才是“金子”。

但是,股市涨风仍在继续。1929 年 1 月《纽约时报》工业股平均指数比总统大选结束后的 11 月又上涨了 30 点。证券经纪人贷款异常地增加了 2.6 亿美元。在 5 个不寻常的交易日里,其中 3 个交易日,由于股市在元旦刚过就出现了火暴行情,纽约证券交易所的成交量超过了不可思议的 500 万股大关。有效的行动有可能导致灾难性的后果,但是,有些行动看来已不可避免。最终,联邦储备委员会决定起草一个函件,以通讯稿的形式发布。这可是它最起码能做的一点事。

1929 年 2 月 2 日,联邦储备委员会函告各联邦储备银行如下:

会员银行(商业银行)出于提供投机性贷款或维持投机性贷款的目的而向其隶属的联邦储备银行借款,这种做法超出了合理的再贴现融资范围。只要会员银行的贷款业务不会牵连联邦储备银行,本委员会无意行使权力进行干涉。然而,只要有证据表明会员银行利用联邦储备信贷来维持投机性证券贷款,就必须承担严重的责任。[8]

2 月 7 日,在一篇堪称范文、内行人百读不厌的公文里,联邦储备委员会警告公众说:

在发现妨碍联邦储备银行有效履行其管理联邦储备系统信用服务以向工商企业融通资金的职能的情况时,本委员会将责无旁贷地对有关情况展开调查，并且采取被认为适当、有效的措施来予以纠正。在目前的情况下，这意味着限制以直接或间接的方式利用联邦储备系统的信用透支来增发投机性信贷。[9]

几乎就在联邦储备委员会发出这项警告的同时，传来了这样一条消息：英格兰银行将银行贴现利率由4.5%提高到了5.5%，以减少英国资金流向新戈尔康达（戈尔康达，印度南部古都，曾经是一个伊斯兰教王国的首都，16世纪时以出产金刚石而闻名，这里的新戈尔康达是指美国。——译者注）。结果，股市走向急转直下。2月7日，成交量达到了500万股，《纽约时报》工业股平均指数下挫了11点，第二天又继续下挫。此后，市场有所反弹，但整个2月并没有出现明显的净增长。经济学家们对联邦储备委员会的这种做法早有评论，称此为"道义上的劝告"。由于股市是暂时下挫，因此，人们几乎普遍认为这次道义上的劝告是一次失败。

确切地说，人们能够而且很可能应该得出相反的结论。无法想象联邦储备委员会会发布比较温和、更具试探性并且能引起更明显恐慌的公告。联邦储备委员会关于只要联邦储备系统信贷不受牵连，无意干预支持投机的贷款的声明尤其令人关注。显然，联邦储备委员会关心的不是限制投机，而是推卸自己对不断加剧的投机应负的责任。而值得注意的是，一些匿名撰稿人甚至采用具有如下暗示的措辞：现有的投机水平不会被认为达到了警戒线，除非投机进一步加剧。然而，鉴于当时的神经过敏状况，即使这些非常软弱无力的措辞也会导致形势逆转。

五

市场的神经过敏以及联邦储备委员会那些同样神经过敏的官员们不为人知的精神权威，到了3月更加凸显无遗。在下一个月来临之际，柯立芝先生发表了令人欣慰的关于股价偏低、国家经济健康的言论。股市强劲反弹，被报纸誉为“开市行情”。3月4日，在未表明自己对投机的态度的情况下，胡佛先生接过了总统职务。市场在接下来的两个月里持续走强。

临近月底，令人不安的消息传到了华尔街。联邦储备委员会天天在华盛顿召开会议，但又不发表任何声明。每次会议结束，新闻记者都想方设法从委员们那里刺探消息，但委员们始终守口如瓶，记者们没有打听到任何有关会议内容的信息，尽管人人知道这些会议与股市有关。会议一天接一天地进行着，而且还破天荒地在星期六举行。

联邦储备委员会的会议很快就显示出巨大的威力。3月25日星期一，不合时宜的星期六会议闭会后的第一个交易日，紧张气氛变得忍无可忍。或者毋宁说，由于华盛顿仍然保持沉默，股市开始出现抛盘。一些投机热门股，如“溶剂贸易”“赖特航空”“铁路快运”，下跌了10～12美元，甚至更多。《纽约时报》工业股平均指数当天下挫了9.5点。更重要的是，有些银行断定在联邦储备系统对市场进行打压之际有可能获得高于正常收益的回报。它们开始减少在短期拆借市场上放款，而证券经纪人贷款利率上涨到了14％。

接下来的一个交易日，3 月 26 日，星期二，情况变得更加糟糕。联邦储备委员会此时仍保持着令市场消沉的沉默。一种恐惧心理笼罩着市场。更多的人决定抛盘。他们的大量出货令人震惊。纽约证券交易所竟然有 8 246 740 股股票换手，远远高于以往的任何纪录。股价几乎呈直线下跌的趋势。在当天的最低点上，股票普遍下跌了 20～30 美元，《纽约时报》工业股平均指数一度比上一交易日下跌了 15 点。成千上万的投机者在先前经历了一路上涨的行情以后，终于第一次看到了自己的新生活方式的阴暗面。每一次新公布的行情都远远低于上一次公布的行情。而且，行情指示器无法显示空前巨大的交易量，远远跟不上股市行情变化的速度。行情不但非常糟糕，而且几乎肯定还会恶化，但投资者们又无法通过行情显示牌及时了解行情恶化的程度。在当天的交易日结束之前，许多投机者收到了经纪人发来的措辞强硬的电报，这与以往带“富有大叔”口吻、令人鼓舞、含有一定内幕消息的电函完全不同，电报要求他们迅速追加保证金。

正当投资银行准备扬帆迎接暴风雨袭击的时候，有些职业交易者很可能正在抛盘，他们已经看到了筹措不到持仓所需的保证金的时刻。而且，这个时刻有可能很快就会到来。因为 3 月 26 日上午，短期拆借市场的利率已经高达 20%——1929 年股价暴涨时期的最高利率。

1929 年 3 月 26 日可能就是关键的时刻，如果资金依然严重紧缺，当局仍旧坚持收紧银根，那么恐慌也会继续；股价的每一次下跌都会迫使另一些投机者抛盘，从而导致股价进一步下跌。幸好，这种情况没有发生。如果这应该归功于某一个人的话，那么这个人就是查尔斯·E.米切尔。联邦储备当局处于一种矛盾的心理状态，而米切尔没有，他赞成股市上涨。此外，他作为美国两家规模最大、最有影响力的商业银行之一的总裁的威望，敢作敢为、成就卓越的投资银行家的声誉，以及纽约联邦储备银行董事的身份，意味着他的讲话至少与华盛顿的任何一个人具有同样的权威。当天，由于资金变得紧缺，利率疯涨，股价暴跌，因此米切尔决定出面干预。他告诉媒体，"我们觉得，对于联邦储备委员会的警告或其他通告，我们承担着极其重要的义务，以避免短期资金市场出现可怕的危机"。他说，国民城市银行将提供为预防清算所必需的资金，还将(而且实际这样做了)从纽约联邦储备银行拆借资金来做联邦储备委员会警告不准做的事。米切尔采取"金融散文"的形式巧妙地发表了酷似黑格(Hague)市长著名的"我就是泽西城法律"宣言的华尔街声明。

米切尔的讲话像是有魔力似的。在26日股市收盘之前，短期贷款利率已经回落，市场又恢复了信心。联邦储备当局仍然保持沉默。不过，此时的沉默令人放心，并且意味着让米切尔出面控制局势。第二天，国民城市银行履行了支持股市的承诺：宣布向短期拆借市场投放2 500万美元，即先以16%的利率投放500万美元，然后以持续低一个百分点的利率依次追加500万美元以确保利率保持在合理的水平上。在几天后公布的月报中，国民城市银行为自己的立场进行了辩护，并且附带陈述了联邦储备当局所面临的两难局面(国民城市银行无疑闯入了联邦储备当局自找的两难局面)。月报说："国民城市银行充分认识到过分投机的危险(原文如此)，并且支持联邦储备当局限制用于投机的信贷过分扩张的意愿。银行，推而广之，工商企业，而且可以认为包括各联邦储备银行在内……都不愿看到可能会对经济产生灾难性影响的证券市场崩盘。”[10]

六

米切尔没能逃脱挨批的命运。有参议员要求参议院着手展开调查。参议员卡特·格拉斯(Carter Glass，1858～1946年，美国政治家，对于建立和管理美国联邦储备系统起到过一定的作用。——译者注)作为联邦储备系统立法的提案人对联邦储备系统的运作表示了主人翁般的高度关注，他说：“他(米切尔)公开承认自己对疯狂股市负有更大的义务，而忽视了自己作为纽约联邦储备银行董事的职责……纽约联邦储备银行应该要求他立刻辞职。”联邦储备委员会做梦也不会想到，这样做可能会被视作继续采取软弱无力的道义劝解的又一证据。

不过，联邦储备当局甚至比米切尔受到了更多的批评，尽管它几乎已经无法更加无所作为了。阿瑟·布里斯班(Arthur Brisbane，1864～1936年，美国报纸编辑。——译者注)不无道理地指出：“如果买卖股票有错的话，那么，政府就应该关闭证券交易所。否则，联邦储备当局就应该管好自己的事务。”在《巴伦商业与金融周刊》的一篇重要文章中，一位名叫塞斯·阿克斯莱(Seth Axley)的先生比较公道地说：“对于联邦储备委员会来说，否认投资者认识经济状况的屡试不爽的手段、已经掌握的技能，以及几乎难以置信的发明，似乎就是要为对它是否充分顺应时势的怀疑进行辩解。”[11]由于联邦储备当局针对投机者采取的主要行动就是召开会议和保持沉默，因此这样说无疑有点苛刻；不过，这与当时一个作为华尔街最主要的辩护人而崭露头角的普林斯顿大学年轻学者的言论相比，肯定还算是宽容的。

约瑟夫·斯塔格·劳伦斯(Joseph Stagg Lawrence)的《华尔街与华盛顿》在这一年晚些时候由普林斯顿大学出版社出版时，被一家最主要的金融杂志比作“一缕清风”。劳伦斯先生在这本值得一读的书中指出，联邦储备系统与华尔街的监管与被监管关系是因为偏见——一种“基于沿海富有、有教养和保守的居民与内陆受贫困困扰、未受过教育和激进的群体之间的利益冲突以及精神和理性反感”的偏见——而形成的。[12]有教养和保守的劳伦斯先生对参议院中联邦储备当局的辩护者们进行了严厉的批评。说来奇怪，被批评者中间还包括来自沿海弗吉尼亚州的参议员卡特·格拉斯。“似乎难以令人置信，在天恩惠顾的 1929 年，大批被认为聪明过人的公众人物居然允许狂热的激情和外省的无知找到不受约束的表达方式。然而，这正好是已经发生的事情……当这位来自弗吉尼亚州的参议员出现在这个有时被称为协商会议的“谬论院”的时候，他的言论就变得既没有道理又缺乏克制。令人侧目的固执和难以克制的乡土观念交织在一起，向一个无辜的群体兴师问罪。”[13]某些态度变得更加强硬的华尔街金融家当明白“无辜群体”是指自己的时候难免会感到惊讶。

七

在米切尔遭遇了3月失败以后，联邦储备当局撤离了“战场”。人们多少仍指望联邦储备当局能做些什么。4月，据传，威廉·克拉普·杜兰特秘密夜访白宫，提请胡佛总统注意，如果不取消联邦储备委员会，就有可能爆发可怕的股市崩盘。胡佛总统没有表态，而杜兰特被告知在动身赴欧洲旅行之前最好减仓。[14] 6月，普林斯顿大学的劳伦斯先生指出，联邦储备委员会仍在“为阻挠繁荣这架机器的运转而尽其所能”，并且告诉联邦储备委员会它已经“激起了一个正直、聪明、具有爱国心的群体(同样是指华尔街)的敌对情绪”。[15]但是，联邦储备委员会事实上已经决定听任这个正直、聪明、具有爱国心的群体自行其是。后来，据联邦储备委员会理事扬(Young)介绍，联邦储备委员会意识到，“虽然过度兴奋得到了一定的抑制”，但是它必须经历一个发泄过程，而各储备银行只能做好应对“不可避免的股市崩盘”的准备。[16]更准确地说，联邦储备当局决定不对股市崩盘负责。

8月，联邦储备委员会最终同意把再贴现率提高到6%。仅一个交易日，市场就变得更加虚弱。这项措施因为同时降低承兑票据银行买入价而没有产生任何可能的结果。

事实上，从3月底开始，市场不用再担心联邦当局会采取什么措施。胡佛总统派遣洛杉矶一位名叫亨利·M. 鲁宾逊(Henry M. Robinson)的银行家作为总统特使前往纽约，与纽约银行家讨论股市暴涨的问题。在胡佛先生看来，鲁宾逊确信市场是健康的。[17]纽约证券交易所副总裁理查德·惠特尼(Richard Whitney)应召前往白宫,发表了应该针对投机热做点什么的看法,但是毫无结果。胡佛先生认为监管纽约证券交易所的首要责任在于纽约州州长富兰克林·D. 罗斯福(Franklin D. Roosevelt,1882～1945 年,美国唯一一位连任三届的总统,1929～1932 年任纽约州州长。——译者注),也许这种想法可以使他感到心安理得吧。[18]

当时,罗斯福至少在股市问题上同样也奉行放任自流的政策。一家名叫麦克尼尔(McNeel)金融服务公司的投资咨询公司,巧妙地运用"巴克湾"(波士顿的一个街区,因长长的通衢大道和精致的商店而闻名。——译者注)的笔触把自己描绘成"成功投资者的贵族",做广告宣传一本新的投资指南。这本投资指南的大字标题是"读了《击败股市》以后,他赚了 7 万美元"。无论是谁,确实都有可能做到这点,但更可能是没有看过或者没有机会阅读这本投资指南就赚了钱。现在,市场至少不用担心政府的反应或制裁,可以放心地"扬帆起航,劈风斩浪,驶向远方"。特别是在 6 月 1 日以后,市场人士彻底改变了观望态度。在这之前或自那以后从来也没有如此多的人如此奇妙、毫不费力和迅速地成为富人。或许,胡佛和梅隆先生以及联邦储备当局坚持不干预政策的做法是正确的;或许,真值得为在顷刻之间变成富翁而长期受穷。

注释

[1]*The Memoirs of Herbert Hoover*, p.16.

[2]同上,p.11。

[3]同上,p.9。

[4]同上,pp.9—10。

[5]或出售或减少手中的商业票据。

[6]*Stock Exchange Practices*,Report of the Committee on Banking and Currency Pursuant to Senate Resolution 84(Washington,1934),p.16.

[7]同上,pp.13—14。

[8]Thomas Wilson,*Fluctuations in Income and Employment*,p.147.

[9]同上,pp.147—148。

[10]转引自 Mitchell,登载于 *Stock Exchange Practices*,February-March 1933,Pt.6,p.1 817。

[11]*Barron's*,May 6,1929.

[12]*Wall Street and Washington*(Princeton University Press,1929),p.3.

[13]同上,p.5。

[14]关于这次拜访,请参见 Earl Sparling,*Mystery Men of Wall Street*(New York:Greenberg,1930),pp.3—8。不过其权威性值得怀疑,尽管作者的描述有根有据。

[15]*Barron's*,June 10,1929.

[16]Seymour E. Harris,*Twenty years of Federal Reserve Policy*(Cambridge:Harvard University Press,1933),p.547.本人大量参考了这本论述联邦储备政策的极其保守但又非常负责的专著。

[17]Hoover,*Memoirs*,p.17.

[18]同上。胡佛先生本人忽略了这些细节,包括有关日期。他把惠特尼说成是纽约证券交易所的总裁,其实他是在后来才成为该交易所总裁的。

3

我们信赖的高盛公司

在 1929 年的头几个月里，令华尔街的高智商者们不安的问题不只是联邦储备系统深奥的政策问题，他们还遇到了全美普通股稀缺的烦恼。据称，股价如此高的一个原因，就是股票供应不足，因此股票获得了“稀缺价值”。某些新上市的股票，据说变得如此令人向往，以至于上市不久就“退出”了市场，并且价格再高也没有人出货。

如果普通股确实变得比较稀缺，那么从经典的供求关系史来看，供给对需求做出特别的反应同样也无济于事。毫无疑问，1929 年秋季结束的那个金融时代有一个非常令人惊讶的特征，那就是美国人渴望购买证券及其对证券价格的影响。但是，可购买证券的数量几乎没有显著增加，而策划证券销售的公司却才智卓越、热情高涨。

1928 年和 1929 年增发的证券并非全部用于满足投机者的投机需要。那两年也是普通公司募集资金的大好时光。投资者情绪持续高涨,资金供给长期充裕。(海岸航空公司的股票是当时的一个热门投机品种,从某种程度上说是因为许多人误以为它是一只很有增长潜力的航空股。)在繁荣的岁月里,那些看好市场、认为繁荣将永久持续下去的人自然看重拥有工厂和营运资本。在这种时候,可不能吝啬。

那几年,同样盛行公司合并,而每起新的兼并案难免需要追加资本,通过增发证券来为兼并募集资金。下面,有必要介绍一下20世纪20年代的兼并浪潮。

这并不是第一次兼并浪潮,但从许多方面来看,却是一次与众不同的兼并浪潮。正好在世纪(19世纪和20世纪)之交前后的那几年里,各产业小公司合并成大公司的兼并案接连不断。美国钢铁公司、国际收割机公司、国际镍材料公司、美国烟草公司以及许多其他大公司都可以上溯到那个时期。在这些兼并案中,合并在一起的公司为同一国内市场生产同样或相关的产品。除极少数例外情况,它们这样做的首要动机就是减少竞争、消除竞争或规范竞争。每一家新诞生的巨型公司都支配着一个产业。从此,它们会对价格和产量,或许同样对投资和技术创新的速度进行适当的控制。

其中,有些兼并案发生在20世纪20年代。不过,当时的兼并活动多半不是把企业汇集在一起,让它们互相竞争,而是让它们在不同的区域从事相同的活动。地方电力、煤气、自来水、公交和牛奶公司联合成了地区或全国性的大系统,其目的不是消除竞争,更确切地说,是要解决地方管理能力不足、不思进取、缺乏经验甚或信誉没有保证等问题。20年代,一个来自纽约或芝加哥的市民可以毫不害羞地为自己是一个金融天才而感到自豪，而当地业主和管理人员则不能这样。在赞美用总部正规的混合管理来取代乡巴佬管理的好处时，没有必要表示虚伪的谦逊。

在公用事业兼并案中，实行集中管理和控制的方式就是控股公司。控股公司通过购买股权来控制自营公司。有时候，控股公司还购买其他控股公司的股权，后者又控制着其他控股公司，而其他控股公司又通过别的控股公司直接或间接地控制着自营公司。美国各地的地方电力、自来水和煤气公司都归某个控股公司系统所有。

食品零售店、杂货店、百货商店和电影院的发展情况虽然不完全相同，但也大致类似。在这些行业，地方所有制同样也让位于集中管理和控制方式。不过，这些行业的集中方式并不是控股公司，而是公司制连锁商店。公司制连锁商店这种集中方式通常是通过开设新的连锁店，而不是接管已有企业来进行扩展。

控股公司发行证券，旨在购买自营公司的所有权；而连锁公司发行证券，是为了开设新的商店或电影院。在 1929 年的前几年里，迅速发展的公用事业系统——煤气与电力联合公司、联邦南方公司和英萨尔(Insull)公司——引起了广泛关注，连锁公司至少是那个时代的象征。蒙哥马利・沃德(Montgomery Ward)邮购公司的股票就是当时主要的投机品种之一。该公司是一家连锁公司，以前途光明而出名。伍尔沃斯(Woolworth，5 美分和 10 美分商品全美连锁商店)公司、美洲连锁店公司和其他一些公司也因为同样的原因而闻名全美。分支机构和连锁银行业股权制同样也呈现强劲的发展势头。而且，当时的普遍感觉就是，各州的法律以及联邦法律已经陈旧过时，并且阻碍了小城镇银行合并成地区或全国性银行系统。各种旨在规避法律约束的安排受到了高度的重视。

一些发起人为了利用公众对各产业新的广阔前景的兴趣，必然会组建新公司并发行证券。无线电和航空股被认为具有特别令人满意的前景，而所创建的公司却从未有过这样的前景。1929年9月，《纽约时报》上刊登的一则广告把人们的注意力吸引到了即将问世的电视上，并且颇有先见之明地指出，“这种新艺术的商业潜力将激发人们的想象力”。这则广告没有同样超前地认为，电视机将在那年秋天进入家庭。不过，1929年的股市暴涨基本上可直接或间接地归因于已有产业和企业。出于新的幻想目的而新发行的具有想象空间的股票，在投机时期通常显得特别重要，但发挥的作用却相对较小。为了“淡化海水，修建私生子医院，建造反海盗船，从西班牙输入大批高大的‘公驴’甚或研制一种永恒运动轮”(这里只援引几个“南海泡沫”时期有代表性的开发项目)而发行的股票其销量并不是很大。[1]

二

20世纪20年代末，最著名的投机品种就是投资信托或投资公司股票，它们的发行方案更能满足公众对普通股的需求。投资信托不是创办新的企业或扩大已有企业，而只是一种旨在通过成立新公司来让股民持有已有公司股票的安排。20年代，就连美国也只有金额有限的资本可被已有企业利用或可用来创建新企业。投资信托的优点就是能够使公司发行在外的证券与公司现有资产完全分离。前者的金额可以1倍、2倍甚至数倍于后者的金额，包销业务量和可上市交易的证券数量也相应得到增加。由于投资信托卖出的证券多于所买进的证券，因此股民可拥有的证券也会有所增加。投资信托多卖的证券所得会流入短期拆借市场、房地产市场或进入投资信托发起人的腰包。难以想象还有什么方法比这种发明更合时宜或更适合消除由普通股短缺导致的焦虑。

投资信托并不是什么新的创意，尽管说来奇怪，在美国很晚才出现。自18世纪80年代以来，英格兰和苏格兰的投资者，通常都是些小投资者，通过购买股票的方式把自己的资金汇集在某家投资公司的名下。投资公司则用这样筹集起来的资金进行投资。一个典型的投资信托持有500～1 000家自营公司的证券。这样，即使只有很少资金甚或区区100英镑的投资者也能够远远比他自己直接投资于自营公司的证券更广泛地分散风险。而信托管理人可以被合理地认为要比布里斯托尔(英国西部的港口城市——译者注)的寡妇和格拉斯哥的大大更加了解公司企业，并且前往新加坡、马德拉斯、开普敦和阿根廷等这些英国基金通常寻找出路的金融市场去寻求机会。信托基金管理人能够分散风险，并提供更可靠的信息，因此有充分的理由获得适当的报酬。虽然在早期投资信托遇到了一些意外，但很快就在英国站稳了脚跟。

1921年以前，美国只有少数几家规模不大的投资信托公司，它们的首要目的是投资于其他公司的证券。[2]那年，美国投资者对投资信托的兴趣开始升温，其中的一个原因就是许多报纸杂志载文介绍英格兰和苏格兰的投资信托。应该指出，美国当时没能与时俱进，而其他国家在信托创新方面超过了美国。不过,美国很快就赶了上去。于是,更多的投资信托应运而生。截至 1927 年年初,估计已有 160 个投资信托,当年又成立了 140 个投资信托。[3]

英国信托基金管理人在正常情况下对委托他们管理的资金享有极大的投资决定权。开始,美国信托基金发起人在要求得到信任方面表现得比较谨慎。早期的很多信托基金是真正的信托基金——投资者购买指定证券组合的股权,然后寄放在一家信托公司。信托发起人至少承诺遵守一整套关于可买证券种类以及证券持有和管理方式的严格规则。后来,如此美好的东西也随着 20 世纪 20 年代的流逝而消失了,投资信托实际上变成了一种投资公司。[4]投资公司把自己的证券卖给公众——有时只卖普通股,更经常是同时出售普通股和优先股、信用债券以及抵押债券,然后由管理人用出售证券所获得的资金进行投资。一般采用出售无表决权普通股或者要求股东把表决权委托给管理人的方式,来剥夺股东干预管理的权利。

在一个相当长的时期里,纽约证券交易所用怀疑的目光看待投资信托,直到 1929 年才允许投资信托挂牌上市。不过,股票上市委员会仍要求投资信托向交易所披露其账目、上市交易时持有证券的市值,上市 1 年以后还要披露持仓情况。这条规定迫使大多数投资信托不得不在场外进行交易,或者在波士顿、芝加哥或其他交易所挂牌上市。除了便利的原因之外,拒绝披露持仓信息,被认为是一种明智的防范措施。信托管理人的投资判断力是非常重要的商业秘密。披露信托管理人选中的股票品种,据说,会引发有关股票价格暴涨的危险。历史学家令人惊奇地讲述了“南海泡沫”事件时期发生的一个创办公司的案例。这个案例发生的原因就是“及时披露公司内幕的规定”。据说,这家公司的股票卖得很好。根据记录在案的资料显示,投资信托像创办的公司一样,也卖得特好。它们是一些内情永远不必披露的公司,而它们的股票却卖得一样的好。

三

据估计,1928 年全年有 186 个投资信托问世;1929 年头几个月,投资信托以接近一个交易日成立一个的速度发展。1929 年全年总共设立了 265 个投资信托。1927 年,投资信托总共向公众发售了价值 4 亿美元的证券;1929 年,投资信托通过市场出售了估计价值 30 亿美元的证券,至少相当于当年新募资金的 1/3。截至 1929 年秋季,投资信托总资产估计已经超过 80 亿美元,比 1927 年初大约增长了 10 倍。[5]

投资信托的创立不同于一般公司。它们几乎都由另一家公司发起,而到了 1929 年创立投资信托的各种公司数目令人吃惊。投资银行、商业银行、经纪公司、证券经纪人以及(更重要的是)投资信托,都忙于创立新的投资信托。发起人按身份排序,名列第一的是联合阿勒伽尼(United and Allghany)公司的发起人摩根家族,接下来是一个名叫昌西 · D. 帕克(Chauncey D. Paker)的人,他是波士顿一家财务状况极其危险的投资银行的总裁。他在 1929 年创设了 3 家投资信托,向急于求成的公众发售了价值 250 万美元的证券。后来,昌西损失了全部发行收入,落得一个破产的下场。[6]

发起投资信托的业务并非没有回报。发起公司通常与自己的员工签署并实施一份管理合约。按照通常的做法，发起人自己管理投资信托，进行投资，并且根据资本金或收益的一定比例收取酬金。如果发起人是一家上市公司，也同样根据投资信托证券的交易量收取佣金。许多发起人是投资银行，这实际上就意味着，发起人自己发行证券，然后上市交易。这是充分保证业务量的一个绝好办法。

公众急着想购买投资信托证券的热情为发起人带来了极大的回报。公众几乎总是愿意支付高于发行价的可观溢价。发起公司(或发起人)获得股票或股票认购证配额，便有权利以发行价进货，然后可以立即出货营利。因此，刚才提到的那个昌西·D. 帕克先生的一家企业——一家名字响亮的公司(沿海公用事业股份公司)——发行了160万股普通股，按每股10.32美元出售。这可不是公众购买这只股票所支付的价格，而是公司把股票卖给帕克及其同事们的价格。然后，他们以11～18.25美元的价格转售给公众，并与负责这只股票交易的经纪人分享利润。[7]

这种业务并非名声很差或声名狼藉。J.P. 摩根公司(与邦布赖特公司一起)于1929年1月发起成立了联合公司，以75美元的优惠价格向一些朋友(包括摩根的合作伙伴)出售普通股和优先股组合。一个星期以后，联合公司开始挂牌交易。场外交易的卖出价是92美元，买入价是94美元。4天以后，这只股票以99美元的价格成交。原始价为75美元的股票能够并且实际按这么高的价格迅速转售出手。[8]毫不奇怪，如此令人心动的激励因素大大推动了新的投资信托的诞生。

四

确实有人为并非人人都能从这些新的金融进步引擎中分享利润而感到遗憾。得益于刚才提到的联合公司发起业务的人中间,有一个名叫约翰·J.拉斯科布的。作为民主党全国委员会主席,他在政治上承诺与人民建立牢固的友谊。他认为,每个人都应该分享他本人所享受的那种机会。

当年这种慷慨冲动的结果之一,就是《妇女家庭报》刊登了一篇题名颇为醒目的文章——《大家都能成为富人》。在这篇文章中,拉斯科布先生指出,任何人只要每月节省 15 美元,投资于走势坚挺的普通股,并且不把红利花掉,那么 20 年以后就能积攒大约8 000美元的财富。显然,以这样的速度,很多人都能够发财成为富人。

不过,必须等待 20 年。20 年才能够发财,时间似乎是太长了一点,尤其是在 1929 年,而且对于一个与人民为友的民主党人来说,接受这样的渐进主义,有可能被认为是反动分子。于是,拉斯科布先生又提出了一条更加诱人的建议。他建议发起一种专门针对穷人的投资信托,只允许他们像富人那样增加自己的资本。

1929 年初夏,拉斯科布先生向公众公布了一项比较详细的计划(并且解释说,他就这项计划与“金融家、经济学家、理论工作者、教授、银行家、劳工领袖、产业界领袖和其他有这种想法的非著名人士”进行了讨论)。为了购买股票,他专门设立一家公司。譬如说,拥有 200 美元的无产者把自己的积蓄交给这家公司,然后由这家公司购买价值不超过500美元的股票；另外所需的300美元由这家公司向专门为此而设立的财务子公司贷款，并且把所有的股票作为抵押品记录在案。刚开始原始积累的“资本家”也许可以以每月25美元的速度偿还债务。当然，股价上涨的收益权归“资本家”所有，这在拉斯科布先生看来是理所当然的。在严厉抨击了现有安排的缺陷之后，拉斯科布先生指出：“凡是现在有200～500美元可用于投资的人今天能够做的事就是购买‘自由’债券……”[9]

对拉斯科布计划的反应就如同对一种新的大胆的质量—能量关系表达式的反应。一家报纸把他的计划称为“一种讲究实效的乌托邦”。另一家报纸把他的计划说成是“华尔街最伟大头脑产生的最伟大幻想”。一名愤世嫉俗的陈腐评论员感动地说：“这更像是金融治国的方略，而不是华尔街金融大亨所说的话。”[10]

假如时间允许的话，拉斯科布先生的计划看来肯定会付诸实施。美国人因为这些人的聪明才智而感到欢欣鼓舞，他们愿意为职业金融家的天赋付出代价，便是一个能充分说明问题的证据。

五

美国人对金融天才的尊敬程度可以从投资信托未清偿证券的市场价值与这些证券本身的价值之间的关系中显示出来。在正常情况下，投资信托的证券市值要大大高于投资信托所拥有的资产价值，有时候要高出1倍之多。关于这一点，不应该存在异议。投资信托的唯一资产就是它拥有的普通股、优先股、信用债券、抵押债券和现金。

(投资信托通常没有办公场所和办公家具;发起公司在自己的场所进行投资信托业务。)而且,倘若投资信托的证券全部上市出售,那么所得总是低于并且常常是大大低于投资公司未清偿证券的市值。当然,投资公司还拥有一些主张证券担保资产溢价的权利。

担保资产溢价实际上是一个令人敬佩的群体投资于金融知识、技能和操纵能力而产生的价值。按照市价来评估一种股票组合的价值,就等于把这种股票组合看作不会生利的资产。但是,投资信托资产具有很大的盈利可能性,因为它们都是由金融天才精选的不可多得的股票品种构成的。这样的专门技能可能运用了一整套增加证券价值的策略,或者是参与联手做庄和投资辛迪加来哄抬证券价格,并且知道别人在什么时候做同样的事,以便从中提供帮助。最重要的是,这样的金融天才知识渊博,达到了普林斯顿大学劳伦斯先生所说的“能满足人们所需企业价值的世界上最聪明、最博识的评价”水平。[11]人们当然可以直接投资于无线电公司、J. I. 凯斯公司和蒙哥马利·沃德公司的股票,但是,通过这些掌握特殊知识、具有聪明才干的人进行投资,不知要安全、可靠多少倍。

到了1929年,投资信托当然清楚自己因无所不知和举足轻重而享有的声誉,并且不失时机地扩大自己的声誉。雇用经济学家就是扩大自己名声的一种可能途径。在短短几个月的时间里,为争夺这些很可能扩大投资信托声誉的人士而展开的竞争越演越烈。这可是教授们的黄金时期。美国创始人集团,一个令人敬畏的投资信托家族,雇用了普林斯顿大学首席教授、著名的货币金融专家埃德温·W. 凯默勒(Edwin W. Kemmerer)。该集团的另一名“御用”经济学家——鲁弗斯·塔克(Rufus Trucker)博士,也是一个著名人物。(这些经济学家并没有用自己的远见卓识来发挥作用,该企业日后的业绩证明了这一点。截至1935年底,该集团最大的公司"联合创始人"的资产缩水301 385 504美元,股票价格由75美元以上跌到了不足75美分。)[12]

戴维·弗赖迪(David Friday)博士从密歇根大学下海来到华尔街,另一家大型联合企业聘请他担任咨询顾问。弗赖迪因他的洞察力和远见卓识而享有令人惊叹的声望。一家密歇根投资信托公司聘请了3名大学教授——耶鲁大学的欧文·费雪(Irving Fisher,1867～1947年,美国著名经济学家,以设计价格指数预测经济趋势而闻名。——译者注)、斯坦福大学的约瑟夫·S. 戴维斯(Joseph S. Davis)和当时还在密歇根大学的埃德蒙·E. 戴(Edmund E. Day)——作为公司政策咨询顾问。[13]该公司不仅强调其证券组合的多样性,而且也很重视咨询顾问的多样性,以充分保护自己免受耶鲁大学、斯坦福大学或密歇根大学的任何狭隘观点的影响。

其他投资信托迫切需要这些天才在其他方面的卓越才能。所以,有一家投资信托公司表示,由于该投资信托持有120家公司的股票,因此能够得益于"这些公司总裁、职员和董事会的组合效率";并且还进一步指出,"大银行机构与这些公司紧密地结成了联盟"。然后,在谈到合理的显著发展时,它下结论说,"因此,投资信托在很大程度上动员了全国成功企业的智力"。另一家公司在方法上没有那么经验丰富,因此满足于指出,"投资是一门科学,而不是一项'一个人能够完成的工作'"。[14]

随着1929年的流逝，显然，市场上有越来越多的新投资者在依靠投资信托的智力和这门科学。这当然意味着，他们仍然面临着在业绩良好与业绩不佳的投资信托之间做出抉择的难题。有一些业绩不佳的投资信托（虽然很勉强）也已经得到了公认。保罗·C.卡伯特(Paul C. Cabot)在1929年3月号《大西洋月刊》上撰文指出，欺诈、疏忽、无能和贪婪是这个新产业的常见缺点。这是一些令人印象深刻的缺点。作为一家颇有前途的投资信托机构——道富投资公司——的发起人和高级职员卡伯特先生的观点当然颇具权威性。[15]可是，1929年的读者对这样的警告反应非常冷淡。而且，提出这种警告的人也实在是太少。

六

知识面、操纵技能或理财天赋并不是投资信托唯一的魔法，投资信托还拥有杠杆这个法宝。1929年夏天，人们不再多谈投资信托，而开始关心高倍杠杆信托、低倍杠杆信托或非杠杆信托。

投资信托中运用的杠杆原理与“打响鞭”(crack-the-whip)应用的杠杆原理相同。根据著名的物理学定理可知，支点附近一个很小的动力会对阻力点产生巨大作用。在投资信托中，杠杆是这样发挥作用的：通过发行债券、优先股和普通股来购买品种不同的普通股组合。当采用这种方法购进的普通股价格上涨（总是这样假设股价走势）时，信托中债券和优先股的价格基本不变。[16]因为债券和优先股的价格是固定的，派生于一个特别规定的回报率。投资信托所持有的证券组合因增值而产生的利润，全部或大部分分配给投资信托的普通股。结果，投资信托普通股的价格奇迹般地上涨。

我们来举例说明，假定有一个1929年初发起的投资信托，资本金是1.5亿美元——该规模接近于当时的真实情况。我们进一步假设，1/3的资本金是发售债券的收入，另外1/3是发售优先股的收入，其余部分是发售普通股的收入。如果把发售债券、优先股和普通股的全部所得1.5亿美元都用于投资，并且所购买的证券都能实现正常的增值，那么该投资信托的资产组合半年以后大约能增值50%，即其资产可增加到2.25亿美元。债券和优先股仍然价值1亿美元，它们的收益没有增加。因此，假定该公司被清算，债券和优先股持有人不能索要更多的资产份额，剩下的1.25亿美元就是该信托普通股的价值。换句话说，该信托普通股的资产价值由0.5亿美元增加到了1.25亿美元，或者说是该信托全部资产价值增长了50%。

这就是杠杆效应的魔力，但还不是它的全部魔力。要是该投资信托奇迹般增值的普通股被另一个杠杆倍率相同的投资信托持有，那么这些普通股的价值就会在原来50%增长率的基础上再增长700%～800%。我们还可以以此类推。1929年，这个几何级数奇迹的发现对华尔街的影响已不亚于轮子的发明对人类文明的影响。大家都忙于发起投资信托，而已有的投资信托又忙于发起新的投资信托。而且，杠杆奇迹使得这种业务对于所有投资信托的最终发起人来说是一种相对而言没有成本的买卖。发起一个投资信托，保留一部分普通股；来源于杠杆效应的资本利得，使得信托发起人相对而言比较容易地发起第二个更大的信托；这第二个信托会进一步增加资本利得,并且使得发起第三个更大的信托成为可能。

因此,哈里森·威廉姆斯(Harrison Williams),一个杠杆效应的热情拥护者,被证券交易委员会认为对一个1929年市值接近10亿美元的组合投资信托和控股公司体系具有重要的影响力。[17]这个投资信托和控股公司体系的建立全靠他原先掌握的一家规模不大的公司——中部州电力公司。后者在1921年价值仅600万美元。[18]杠杆效应同样是促使美洲创始人集团(American Founders Group)非同寻常地发展的主要因素。这个著名投资信托家族的最初成员诞生于1921年。遗憾的是,最初的发起人非但没能使企业获得发展,反而陷入了破产的境地。可是,第二年,一个朋友出资500美元,凭借这区区500美元的资本创设了第二家投资信托公司。于是,两家公司便开始运转,公众对他们的反应非常积极。到了1927年,这两家公司和后来增加的第三家公司已经向公众发售了7 000万~8 000万美元的证券。[19]不过,这还仅仅是开始。1928年和1929年,美洲创始人集团的业务获得了突飞猛进的发展,以发疯的速度向公众发售股票。为了继续发售更多的股票,该集团仍然不停地创办以新名字命名的新公司,到了1929年底其麾下已经拥有13家公司。

该集团最大的公司,即美洲创始人公司(American Founders Corporation),当时拥有资产68 616.5万美元;而创始人集团总资产价值在10亿美元以上,这么多的资产由最初的500美元控制着。在10多亿美元的资产中,大约3.2亿美元是公司间控股资产——集团内部某家公司对另一家公司的证券投资。这种财务上的“乱伦”是维护控制权和利用杠杆效应的手段。多亏了这条长长的公司监控链,该集团有效地集中在最初创建的几家公司的普通股上实现了增值。

杠杆投资后来虽然得到了发展，但其作用是双向的。创始人集团所持有的证券并非都像计算的那样无限制地增值，更不用说抵制萧条了。几年以后，在该集团的资产组合中竟然发现了5 000股克罗伊格—托尔(Kreuger and Toll)公司的股票、2万股科罗产品公司(Kolo Products Corporation，一家以香蕉油为原料生产肥皂的新创办的风险公司)的股票和29.5万美元南斯拉夫王国的债券。[20]由于克罗伊格—托尔公司的股票最终落到了一文不值的境地，因此杠杆效应同样也发挥了作用——几何级数的反作用也同样激动人心。不过，"杠杆"数学的这一方面在1929年初还没有人领教过，而第一个引起人们注意的案例就是在那个不寻常年份里发起业务最令人激动的投资公司——高盛公司(Goldman & Sachs Company)。

七

高盛公司是一家投资银行和经纪业务合伙公司，很晚才从事投资信托业务。直到1928年12月4日，离股市崩盘不到1年，该公司才发起创办了高盛贸易公司(Goldman Sachs Trading Corporation)，这是该公司在这一领域的第一家风险企业。可是，历史上即便不是前所未有，也很少有企业像高盛贸易公司及其子公司那样在刚开业的几个月里便获得了迅速的发展。

高盛贸易公司首次发行普通股100万股，被高盛公司以每股100美元的价格、总价款1亿美元悉数吃进。其中19%的股票后来以104

美元的价格向公众出售。当时,高盛公司还没有发现杠杆效应这个法宝,所以没有发行债券和优先股。高盛公司凭借一纸管理合约,并派人参与高盛贸易公司的董事会,就掌握了高盛贸易公司的控制权。[21]

新公司在成立后的两个月里把更多的股票卖给了公众,1929 年 2 月 21 日兼并了另外一家投资信托公司——金融与工业证券公司。公司合并后的资产价值为 2.35 亿美元,在不到 3 个月的时间里盈利 100%以上。2 月 2 日,距离兼并差不多还有 3 个星期,最初投资人以 104 美元买进的股票以 136.50 美元的价格出售。5 天以后,2 月 7 日,股价涨到了 222.50 美元。按照这个价格计算,高盛贸易公司当时的市值是它拥有的证券、现金和其他资产总价值的两倍。

这样高的溢价并不纯粹是公众对高盛公司理财天赋满怀热情的结果。高盛公司对自己充满了信心,而高盛贸易公司则大量收购自己发售的证券。到了 3 月 14 日,高盛贸易公司总共出资5 702.193 6 万美元,回购了56.072 4 万股自己发售的股票。[22]此举反过来又哄抬了其股票的价格。不过,高盛贸易公司兴许注意到了一家全部投资于自己发行的普通股的投资公司有自己的微妙特点。到了 3 月份,它不再购买自己的股票,后来又把其部分股票卖给了威廉·科拉普·杜兰特,后者又在机会允许的时候把它们转卖给了公众。

对于高盛公司来说,这一年的春天和初夏相对比较平静。不过,这可是一个养精蓄锐的大好时机。到了 6 月 26 日,一切准备就绪。这一天,高盛贸易公司联合哈里森·威廉姆斯创建了申南多阿(Shenandoah)公司,即两家著名的投资信托公司之一。申南多阿公司首次发行证券1.025 亿美元(两个月以后又发行了一次证券),据报道,超额认购高达 6 倍。这次,申南多阿公司发行了优先股和普通股两种股票。现在,高盛公司终于明白了杠杆效应的好处。在首次发行的 500 万股普通股当中,200 万股被高盛贸易公司买走,另外 200 万股被中部州电力公司以共同发起人哈里森・威廉姆斯的名义买走。威廉姆斯是与高盛公司合伙人一起参加董事会的成员。另一个董事会成员是纽约的一名著名律师,他在这种情况下缺乏辨别能力,这也许应该归咎于年轻人的乐观。他就是约翰・福斯特・杜勒斯(John Foster Dulles,1888~1959 年,美国外交官和政治家。——译者注)。申南多阿公司的股票发行价是 17.50 美元,刚发行就表现活跃。该股票以 30 美元开盘,一路走高到 36 美元,并且以 36 美元收盘,或者说比发行价上涨了 18.50 美元(到了年底,股价跌到了 8 美元多一点,后来跌到了 50 美分)。

其间,高盛公司已经在为托马斯・杰斐逊(Thomas Jefferson)(一家不起眼的小企业的创始人)的家乡准备第二份贡品,这就是实力更加雄厚的蓝脊(Blue Ridge)公司。该公司创立于 8 月 20 日,拥有资本 1.42 亿美元,更不寻常的是,这家公司是由它才成立 25 天的前辈申南多阿公司发起的。蓝脊公司和申南多阿公司共设一个董事会,其成员包括仍然非常乐观的杜勒斯先生。在蓝脊公司 725 万股普通股(同时还发行了大量的优先股)中,申南多阿公司认购了 625 万股,高盛公司现在是变本加厉地运用杠杆效应。

蓝脊公司的一个有趣特征就是允许投资者用手中的其他证券直接交换新公司的优先股和普通股。美国电话电报公司的股票持有人每人可以用 1 股电话电报公司的股票换取蓝脊公司优先股和普通股

各 $4^{70}/_{715}$ 股。同样的特权也扩展到了联合化学漂染(Allied Chemical and Dye)公司、圣达菲(Santa Fe)公司、伊斯曼·柯达(Eastman Kodak)公司、通用电气(General Electric)公司、新泽西标准石油(Standard Oil of New Jersey)公司和另外大约 15 家公司的股票持有人。这是一种非常有利可图的要约收购。

蓝脊公司诞生于 8 月 20 日星期二。那个星期,高盛公司有更多的工作要做。星期四,高盛贸易公司宣布收购一家美国西海岸的投资信托公司——太平洋美洲合伙公司(Pacific American Associates)。后者最近刚收购了许多规模较小的投资信托,并拥有美洲信托公司,这是一家分支机构遍布加利福尼亚州的大型商业银行。太平洋美洲合伙公司约有 1 亿美元的资本。为了准备这起兼并案,高盛贸易公司又另外发行了 7 140 万美元的股票,以换取太平洋美洲合伙公司的股本。后者作为美洲信托公司的控股公司拥有该公司 99%以上的普通股。[23]

在不到 1 个月的时间里,发售了超过 2.5 亿美元的证券,对此,美国财政部不会没有印象。这以后,高盛公司的活动频率有所放慢。不过,高盛公司的员工不是当时唯一忙碌的人。在那一年的 8 月和 9 月每天都有新的投资信托公司宣布成立,或者是已有的信托公司发售新证券。8 月 1 日,各家报纸纷纷报道英美股份公司(Anglo-American Shares, Inc.)成立的消息,这是一家董事会阵容在特拉华州不太多见的公司。公司的董事会里有获得巴思大十字勋章和维多利亚大十字勋章的卡里斯布鲁克(Carisbrooke)侯爵,以及曾获得空军十字勋章、出任皇家航空学会会长的上校森皮尔(Sempill)男爵。美洲保险股份公司(American Insuranstocks Corporation)于同一天宣布成立,尽管该公司没有比威廉·吉布斯·麦卡杜(William Gibbs Mcadoo,1863～1941年,美国铁路行政官员、政治家,1913～1918年曾任美国财政部长。——译者注)更富魅力的董事值得夸耀。在以后的几天里,又有古德·温米尔贸易公司(Gude Winmill Trading Corporation)、国民共和投资信托公司(National Republic Investment Trust)、英萨尔公用事业投资公司(Insull Utility Investments, Inc.)、国际承运人有限公司(International Carriers, Ltd.)、三洲联合公司(Tri-Continental Allied Corporation)和索尔维美洲投资公司(Solvay American Investment Corporation)相继成立。8月13日,各家报纸又报道了美国司法部长的一位助理视察了世界财政公司(Cosmopolitan Fiscal Corporation)和一家名叫"理财顾问"的投资服务公司。当时,这两家公司的主要负责人都不在公司,理财顾问公司办公室的门上都安装了地下酒吧用的窥视孔。

1929年9月发售的投资信托证券比8月还要多,总额超过6亿美元。[24]不过,几乎同时成立的申南多阿公司和蓝脊公司堪称新时期金融界的佼佼者。在如此不可思议的疯狂中居然还有这样丰富的想象力,真是不叫人敬佩也难。如果说这是疯狂的行为,那么也不是一般的疯狂。

几年以后,华盛顿的一个灰暗黎明,在美国参议院的一个委员会[25]前进行了以下内容的对话:

卡曾斯(Couzens)参议员:是高盛公司组建了高盛贸易公司?

萨克斯(Sachs)先生:是的,先生。

卡曾斯参议员:它把自己的股票卖给了公众?

萨克斯先生:卖了一部分。公司最初只投入 1 000 万美元,只占全部发行股票的 10%。

卡曾斯参议员:那么,其余的 90%都卖给了公众?

萨克斯先生:是的,先生。

卡曾斯参议员:以什么价格出售的?

萨克斯先生:104 美元。那是些旧股……一股已经分割成两股。

卡曾斯参议员:那么,现在股价是多少?

萨克斯先生:接近 1.75 美元。

注释

[1]Walter Bagehot,*Lombard Street*,pp.130,131.

[2]有人估计,当时大约有 40 家这样的小公司。*Investment Trusts and Investment Companies*,Pt.I,Report of the Securities and Exchange Commission(Washington,1939),p.36.

[3]同上,p.36。

[4]本该更精确地介绍投资公司。笔者在这里采用了不太精确但更加常用的方法。

[5]这一节的估计数据全部引自 *Investment Trusts and Investment Companies*,Pt.Ⅲ,Chap. 1,pp.3,4。

[6]同上,Pt.Ⅲ,Chap.2,p.36 ff。

[7]同上,p.39。

[8]*Stock Exchange Practices*,Report (Washington,1934),pp.103—104.

[9]*The Literary Digest*,June 1,1929.

[10]同上。

[11]*Wall Street and Washington*,p.163.

[12]Bernard J. Reis, *False Security* (New York: Equionx, 1937), pp. 117 ff. and 296.

[13]*Investment Trusts and Investment Companies*, Pt.I, p.111.

[14]同上,Pt,I,pp.61,62。

[15]同上,Pt,Ⅲ,Chap.1,p.53。

[16]假定它们都相当保守。那时候,债券和优先股都含有各种各样的转换和参与权利。

[17]正如不久前发现的那样,部分股份与高盛公司分占。投资于自营公司(或其他控股公司)并拥有控制权的控股公司与进行投资但被认为不掌握控制权的投资信托或公司两者之间的界限往往比较模糊。金字塔形的控股公司结构与其杠杆效应也是当时的一个显著特征。

[18]*Investment Trusts and Investment Companies*, Pt.Ⅲ, Chap.1, pp.5, 6.

[19]同上,Pt.I,pp.98—100。

[20]同上,Reis,p.124。

[21]*Stock Exchange Practices*, Hearings, April-June 1932, Pt.2, pp.566—567.

[22]有关细节引自 *Investment Trusts and Investment Companies*, Pt.Ⅲ, Chap.1, pp.6 ff.and 17 ff。

[23]有关申南多阿公司、蓝脊公司和太平洋美洲公司兼并案的详情,除了当时的《纽约时报》之外,引自 *Investment Trusts and Investment Companies*, Pt.Ⅲ, Chap.1, pp.5—7。

[24]E. H. H. Simmons, *The Principal Causes of the Stock Market Crisis of Nineteen Twenty-Nine*(1930 年 1 月纽约证券交易所以小册子形式发行的发言报告), p.16.

[25]*Stock Exchange Practices*, Hearings, April-June 1932, Pt.2, pp.566—567.

4

幻想的破灭

一

华尔街没有暑假。随着大型投资信托公司的增加,股市不断扩容。股价每天都在上涨,几乎从没下跌过。6 月,《纽约时报》工业股平均指数上涨了 52 点,7 月又上涨了 25 点,两个月内总共上涨了 77 点。不寻常的 1928 年全年《纽约时报》工业股平均指数只上涨了 86.5 点。后来,8 月又上涨了 33 点。《纽约时报》工业股平均指数在这 3 个月里一共上涨了 110 点,从 5 月最后一个交易日的 339 点上涨到了 8 月份最后一个交易日的 449 点,也就是说,整个夏季股价一路攀升,几乎上涨了 1 个季度。

个股的表现也非常出色。在夏季的 3 个月里,威斯汀豪斯

(Westinghouse)公司的股票从151美元上涨到了286美元,净涨135美元。通用电气公司的股票由268美元上涨到了391美元,而美国钢铁公司的股票则从209美元上涨到了303美元。投资信托公司都赚到了丰厚的利润。"联合创始人"的价格从36美元被哄抬到了68美元;阿里阿尼公司(Alleghany Corporation)的股价由33美元上涨到了56美元。

交易量也同样一路攀升。纽约证券交易所的日成交易量经常是400万~500万股,只有偶尔几个交易日全天交易量跌到了300万股以下。不过,纽约证券交易所的交易量不再是一个具有普遍意义的客观反映证券投机的指标。许多令人激动的新股,譬如申南多阿公司、蓝脊公司、宾夕法尼亚公路公司和英萨尔公用事业公司的股票,并没有在纽约证券交易所上市交易。那时候,纽约证券交易所并不是一个自命不凡、追根问底或心胸狭窄的机构。想在纽约证券交易所上市的公司其股票大多能上市交易。不过,有些公司不想或不便回答纽约证券交易所为了解情况而提出的相当基本的问题,它们的新股就在场外交易或者在波士顿或别处的交易所上市交易。尽管纽约证券交易所的业务仍然大于美国所有其他交易所的合并交易量,但它的相对地位受到了影响。(1929年,纽约证券交易所的交易量估计占全美交易所交易量的61%。3年后,等大多数新的投资信托永久消失以后,纽约证券交易所的业务量占全美证券交易所业务总量的76%。)[1]因此,在正常情况下交易清淡的波士顿、旧金山甚至辛辛那提股市,到了1929年买卖也非常兴隆。它们都有自己的"生活"和"明星",而不愿只做华尔街的影子。在这些交易所挂牌上市的股票不会出现在纽约证券交易所，而且其中的某些股票特有投机价值。到了 1929 年，倘若一座城市还不知道是否也应该拥有一个股票市场，那么就是一座不幸缺乏公民意识的可怜城市了。

不仅仅是普通股的价格一路上扬，投机的规模也以惊人的速度扩大。经纪人贷款在 1929 年夏天每月以 4 亿美元的速度增加。到了夏季结束的时候，经纪人贷款总额已经超过了 170 亿美元，其中一半以上是由国内外公司和个人提供的。他们看中了纽约货币市场支付的极高的回报率。那年夏天，短期贷款的利率很少低于 6%。正常的利率水平都在 7%～12%。短期贷款利率一度达到了 15%。如前所述，由于这种贷款几乎绝对安全，流动性强，而且管理方便，因此这样的利率水平就是对于孟买的高利贷者来说，也未必缺乏吸引力。在个别放心不下的观察者看来，华尔街仿佛贪婪地想吞噬全世界的所有资金。不过，按照文化习惯，随着夏季的离去，保持理性并还有责任感的发言人倒没有谴责经纪人贷款的疯涨，而是指责那些主张重视这一趋势的人士，并且针对末日论者们展开了严厉的批判。

二

关于经纪人贷款，有两个信息来源。一是纽约证券交易所通常使用的月度报表；另一是联邦储备系统每星期公布的报告，不过完整性略差一些。星期五公布的联邦储备系统周报每个星期都显示经纪人贷款大幅度增加，并且声称这并不意味着有什么问题。而且，任何提出不同意见的人都会受到严厉的谴责。看来很可能只有少数市场人士把经纪人贷款额与保证金购股交易量，进而与投机交易额联系起来。因此，对经纪人贷款快速增长表示的担忧很容易被斥责为只会影响人们信心的不必要的担心。在7月8日这一期的《巴伦商业与金融周刊》上，谢尔顿·辛克莱·威尔斯(Sheldon Sinclair Wells)撰文解释说，那些担心经纪人贷款增长过快和公司资金流入股市的人根本就不懂正在发生的事情；并且指出，短期拆借市场已经成为公司备用金的一条新的重要投资渠道。而批评者们并不看好这一变化。

国民城市银行董事局主席米切尔生性温和，但多次因有人对经纪人贷款问题表示过分的关注而愤愤不平，并且措辞激烈地发表了自己的看法，财经报刊也因他受到了影响。当阿瑟·布里斯班(Arthur Brisbane)在这一年晚些时候撰文对10％的短期贷款利率的适宜性表示怀疑时，《华尔街日报》的耐心已经达到了极限。该报载文指出，“就连通常报纸上刊登的某些准确消息也被用来讨论各种问题。为什么任何不学无术的人都能够谈论华尔街呢?”[2](布里斯班似乎认为，贷款利率应该是日息10％，而不是年息10％。)

学者们同样对那些因其不够慎重的悲观情绪而有意或无意破坏繁荣的人表示了反对。戴斯教授在冷静地对形势进行了回顾以后下结论说，高额经纪人贷款不会像“某些人要求我们相信的那样可怕”。[3]8月，克里夫兰的米德兰银行公布了该行的计算结果，证明在流入股市的公司资金达到120亿美元之前没有理由表示担心。[4]

关于经纪人贷款的最好安慰来自于对市场的展望。如果股市保持高位运行，并且继续走高，而且是因为有关股市的预期证明股价是合理的,那么就没有理由为经纪人贷款的积聚而忧心忡忡。因此,许多为经纪人贷款辩护的人实际上是在为股市的高位运行进行辩护。要使人们相信股市是健康的,其实也不难。遇到这样的情况,总应该设法让那些表达令人不安的疑虑的人闭嘴,并且尽可能经常地表明信心。

在 1929 年,"叛逆"还没有成为一个在指责别人时可以随便使用的词。因此,悲观论没有被公开视为蓄意破坏美国人生活方式的论调。但是,已经有人在进行这样的暗示。那些表示担忧的人后来几乎毫无例外地辩解说,他们当时是胆战心惊地表明自己的担忧的。(这一年晚些时候,波士顿的一家投资咨询公司以"美国没有'破坏主义者'的立足之地"这一广为人知的警告来攻击一篇具有新思想的文章。)

公开的乐观主义者人数众多,观点鲜明。6 月,伯纳德·巴鲁克(Bernard Baruch)在《美国杂志》[5]上发表的著名访谈中告诉布鲁斯·巴顿(Bruce Barton):"世界经济看来趋向于大发展。"他还说位于 5 号街的交易大厅里没有出现熊市。许多教授也满怀有科学根据的信心。从后来的发展看,关于常青藤联合会(由美国东北部布朗大学、哥伦比亚大学、康奈尔大学、达特茅斯大学、哈佛大学、普林斯顿大学、宾夕法尼亚大学和耶鲁大学八所大学组成。——译者注)的记录特别不吉利。在一份臭名昭著的声明中,普林斯顿大学的劳伦斯说:"数百万投资者的评价对纽约证券交易所这个令人赞叹的市场产生了作用,他们的一致判断说明,现在的股票价格并没有被高估。"接着,他又发问:"因聪明绝顶而有权否定聪明投资者群体的人现在又在哪里呢?”[6]

那年秋天,耶鲁大学的欧文·费雪教授做出了不朽的判断:“股价达到了一个具有永久高位特征的价位。”欧文·费雪是美国最具独创精神的经济学家。幸亏,他在其他方面,譬如在指数、技术经济理论和货币理论方面的贡献,更值得人们铭记。

在剑桥方面,重要性略逊的安慰来自于哈佛经济学会,一个由许多无懈可击的保守经济学教授参加的学术团体。该学会的宗旨就是帮助工商业者和投机商预测未来。它每月要公布多次预测结果,并且因其成员和他们所在大学的响亮名字而声誉日隆。

由于会员们的智慧,或者运气,该学会在 1929 年初公布的预测结果略显悲观。它的成员碰巧预测到的一次应该出现的衰退被推迟了(尽管确实没说萧条)。一个星期接着一个星期,他们总是预测经济将发生轻微衰退。直到 1929 年夏天,也没有发生经济衰退,至少没有发生明显的衰退。这时,该学会放弃了自己的一贯观点,并承认预测失误。根据该学会后来的判断,经济走势终将趋好。就像它所判断的那样,股市行情仍然还算不错。不过,后来就发生了股市崩盘。这个学会仍然坚信不可能发生严重的萧条。11 月,它肯定地宣布:“像 1920~1921 年那样的严重萧条不在概率区间内。我们没有面临被推迟的清算。”该学会反复重申这一观点,直到它自己被“清算”为止。

三

银行家们同样是那些愿意相信股市繁荣常在的人的激励源泉。

许多银行家抛弃了国家财政悲观论者的角色，并暂时苟且享受起乐观主义来了。他们自有这样做的道理。前几年，许多商业银行，包括纽约几家最大的商业银行，都设立了自己的证券公司。这些银行的子公司向公众出售股票和债券，这项业务已经发展到了相当的规模，而且前景看好。此外，个别银行家从纽约国民城市银行和大通银行头面人物那里受到了启发，积极为自己开展投资业务。他们当然不可能发表任何刺激市场的言论。

不过，也有例外。国际承兑银行的保罗・M. 沃伯格（Paul M. Warburg）便是其中的一个，他的预测应该说当时与欧文・费雪的预测齐名。他俩都很有先见之明。1929 年 3 月，他呼吁联邦储备当局采取更加有力的政策措施，并且指出："如果不能迅速制止目前'无限制投机'的狂潮，那么最终将发生灾难性的崩盘。"他还说，这不仅对投机商们来说是不幸的，而且有可能"导致危及全国的大萧条"。[7]

只有最宽容地对待沃伯格的华尔街发言人，才会只满足于说他的观点陈腐过时。有人指责他"严重破坏了美国的繁荣"。也有人暗示，他这样做是有动机的——被猜测是想做空。随着市场的不断走高，他的警告只被别人当作了笑料。[8]

几个最著名的怀疑论者都出在新闻界，他们是伟大的少数群体。1929 年，大多数报纸杂志以赞美、敬畏的语气，而没有警示性地报道股市全面走高的消息，并且同时看好股市当前和未来的走势。新闻记者以往总被认为容易受阿谀奉承的影响，但是到了 1929 年，还有不少新闻记者仍然能够坚决抵制更微妙的阿谀奉承，他们宁可要求以保险的现金来换取由他们提供的利好消息。《每日新闻》的一名财经专栏作家(他常用的署名是"交易人")在1929年和1930年初,从一个名叫约翰·J.利文森(John J. Levenson)的自由交易人那里领取了19 000美元。"交易人"多次撰文看好利文森先生所关心的那几只股票。后来,利文森先生强调指出,那纯粹是巧合,给钱只能表明他本人几乎一贯的慷慨秉性。[9]一个名叫威廉·J.麦克马洪(William J. McMahon)的电台评论员是麦克马洪经济研究会(一个主要由他出资的组织)的会长。他在广播里对联手做庄的操盘手设法哄抬价格的股票做出利好的预期。据后来披露,为此,他每星期可以从一个名叫戴维·M.莱昂(David M. Lion)的人那里领取250美元。[10]利翁先生是皮克拉(Pecora)委员会的成员,据报道,专门做在适当的时候以必要的金额购买利好评论的生意。

另一极端是财经新闻界的最优秀分子。像普尔和标准统计公司那样当时已经提供的金融服务从来没有失去与现实的联系。1929年秋天,普尔公司的《每周商业金融通讯》至此一直在谈论"普通股妄想"。[11]《商业金融时报》的编者毫不动摇地坚信华尔街失去了理智。每周的经纪人贷款报告是提出严正警告的不变机会;新闻专栏始终特别强调任何有用的不利消息。不过,到那时为止,保持冷静的最主要力量是《纽约时报》。在经验丰富的亚历山大·达纳·诺伊斯(Alexander Dana Noyes)的领导下,《纽约时报》的财经专栏几乎没受"新时期"阿谀奉承风气的影响。《纽约时报》的老读者不可能怀疑,清算只是个时间问题。而且,《纽约时报》多次过早地报道的清算日子已经来临。

股市崩盘之前出现的几次暂时的下调行情是对那些已经不抱幻

想的人的严峻考验。1928 年初、6 月和 12 月，以及 1929 年的 2 月和 3 月，股市多次看似涨到了尽头。在这些时候，幸亏有《纽约时报》告诫人们回归现实。然后，股市重又出现反弹。只有长期保持末日意识的人，才会如此三番五次地进行劝阻。乐观论者蒙羞的时候终究到来了，但人们早已忘记那些不听信安抚的人也曾有好几个月名声扫地，尽管时间没有这么长久。要说《纽约时报》在股市真的崩盘时进行幸灾乐祸的报道，这未免有点夸张。可是，它在报道这一事件时明显缺乏悔恨之意。

四

1929 年夏天，股市不但支配着新闻，而且也笼罩着文化。少数往常自诩对圣托马斯·阿奎那(Saint Thomas Aquinas，1225～1274 年，意大利圣多明尼克派僧侣、神学家和哲学家。——译者注)、普鲁斯特(Proust，1871～1922 年，法国作家，《追忆似水年华》的作者。——译者注)、心理分析及对身心医学感兴趣的附庸风雅者，现在也谈论起了联合公司、联合创始人集团和钢铁公司的股票。只有那些胆大妄为的怪人仍然保持着往日对股市的冷漠和对自我暗示的兴趣。每个地方总有那么个把人能够准确地把握买卖股票的时机。现在，他们都被奉为圣人。在纽约，凡是有人聚会的场合，总有一些见多识广的经纪人或投资顾问了解正在策划的联手做庄、投资辛迪加和兼并计划，并且预知颇有吸引力的可能结果。他们也少不了向自己的朋友提出关于投资的有用建议，并且总是在朋友们的追问下透露自己了解的股市信息以及很多自己也不知道的消息。现在，这些人即使在画家、剧作家、诗人和美丽的情妇面前也突然变得光彩照人。他们说的话几乎字字千金，他们的听众个个全神贯注，唯恐因错过重要消息而丧失赚钱的机会。

关于股市反复谈论的内容——当时和现在一样——与现实没有什么关系，这一点非常重要，但却没有引起重视。人与人之间存在着一种交流，这不是一种因为知道什么或者不知道什么而进行的交流，而是因为无法知道不知道的东西而进行的交流。关于股市的交谈很多就是属于这类交流。在午餐席间，斯克兰顿城里知识渊博的内科医生在谈论西部公用事业投资公司马上就要实施的拆股方案及其对股价的影响。这位大夫和他的听众都不明白西部公用事业投资公司为什么要拆股，拆股应该会使股价上涨，甚至也不知道为什么西部公用事业投资公司具有投资价值。不过，大夫和他的听众都不知道其实他自己对此也不明白。知识本身往往是一个与事实或现实无关，而与声称掌握它的人和方式有关的抽象概念。

无法预料一个人的无知程度，也许这一点对于女性投资者来说尤其如此。现在，进入股市的妇女人数日益增多。(1929年4月，《北美评论》载文指出，女性已经成为“最刺激的男性资本游戏”的大玩家；现代家庭主妇阅读，譬如说，“‘赖特航空’趋涨……就如同在阅读鲜鱼现已上市……”作者大胆地猜测，投机方面取得的成功大大提高了妇女的声望。)对于典型的女性投机者来说，钢铁联盟或公司，当然与矿山、轮船、铁路、鼓风炉和平炉都没关系，而只是一些录音带上的音符和图表上的线条以及上涨的价格。她们谈论钢铁股，就像谈论自己熟悉的一位老朋友。而事实上,她们什么都不懂,也没有任何人揭穿她们不懂这一事实。我们是一个有礼貌且行为谨慎的民族,因而尽量避免煞风景的事。再说,这样的忠告非但不能产生任何结果,反而只会使任何缺乏勇气、决心和经验去注意别人如何轻松发财的人产生自卑感。当然,她们像任何人一样都有发财致富的权利。

女人的优点之一,就是虽然她们的动机常常与男人的相似,但她们不会像男人那样刻意去掩饰。

一个社会的价值观完全专注于赚钱,并不完全叫人放心。《纽约时报》刊登了一则由包销国家自来水公司证券的经纪人委托的广告。这是一家为了收购城市自来水公司而组建的公司。广告的寓意具有以下值得学习的创意:描绘今天这样的情形,就如同一场洪水之后,偌大一个纽约只留下了一口小井——水价从 1 美元 1 桶,猛涨到了 100 美元、1 000 美元、100 万美元 1 桶。拥有这口井的人就拥有了全城的财富。凡是有"洪水"意识的投资者趁尚未为时过晚之前,个个迫不及待地买进自来水公司的股票。

五

1929 年夏天,股市在美国人生活中的"极地角色"消除了一切疑虑,许多不同阶层和社会地位的人都进入了股市。弗雷德里克·刘易斯·艾伦是用这样一段优美的文字描述这种参与的多样性的:

有钱人家的司机开着汽车,竖着耳朵在收听"伯利恒钢铁"转手的新闻。他自己用 20%的保证金购买了 50 股"伯利恒钢铁"。经纪人办公室擦窗的清洁工停下了手中的活,两眼紧盯着自动报价机,他想用自己辛辛苦苦积攒的那点积蓄买几股“西蒙斯”。埃德温·勒费弗尔(一个能说会道的股市评论员。那时候,他完全可以自称具有丰富的切身体验)正在讲述一个经纪人的贴身男仆在股市里赚了20多万美元,一名护士用她的病人为表示感激而给她的小费赚了3万美元,以及怀俄明州一个离最近的铁路有30英里的牧场主每天买卖数千股股票的故事。[12]

然而,高估大众对股市的兴趣要比低估更加危险。1929年“全民炒股”的说法并非是毫不夸张的事实。那时和现在一样,对于绝大多数工人、农场主和白领劳动者来说,甚至对于绝大多数美国人来说,股票市场是一种距离遥远,并且让人隐约觉得会带来厄运的场所。并不是很多人都知道如何买卖证券;用保证金购买股票的方式,从任何方面来看,都像蒙特卡洛的赌场那样远离现实生活。

几年以后,参议院的一个证券市场调查委员会声称要查明1929年参与证券投机的确切人数。据29个证券交易所的会员经纪人披露,那年总共有1 548 707个客户(其中,1 371 920个是纽约证券交易所会员经纪人的客户)在他们那里开立了账户。因此,在接近1.2亿人口和2 900万~3 000万个家庭中只有大约150万人与股市保持着某种形式的积极关系,而且他们也不都是投机者。根据各经纪公司为该参议院调查委员会所做的估计,上述账户中,只有大约60万个保证金交易账户,而剩下的不到95万个账户是现金交易账户。

在60万个保证金交易者当中,有一些是重复计算的,一些大交易者在不止一个经纪人那里开立账户。同样,还有一些交易者的业务可忽略不计。不过,某些投机者却包括在95万个现金交易客户当中。有些交易者虽然没有进行投机,但却大肆哄抬他们持有的证券的买入价。还有一些交易者从市场外借入资金,并且把证券作为抵押物;这些交易者虽然被列入现金交易客户,但实际上是用保证金买进证券。不过,我们可以有把握地说,在 1929 年的鼎盛时期,活跃的投机者人数少于并且很可能大大少于 100 万。1928 年年底～1929 年 6 月底这个美国人涉足股市趋之若鹜的时期,全美交易所保证金交易账户只增加了 5 万多一点。[13]有关 1929 年股市投机最令人惊讶的不是参与人数的规模,而是股市投机成了美国文化的核心内容。

六

1929 年夏末,经纪人公报和信函不再满足于通报当天哪几只股票会涨和涨幅有多大,而是通告下午 2:00,应该多"关注"无线电股或通用电气股。[14]人们相信股市已成为神秘而又无所不能的人士手中掌握的工具,这种信念从来也没有这样强烈过。这是一个联手做庄和投资辛迪加业务(简而言之,操纵业务)过度活跃的时期。1929 年,在纽约证券交易所,由其会员或其合伙人参与操纵的新股发行就有一百多次。这些操纵业务虽然性质彼此略有不同,但在典型的操纵业务中往往有许多交易者集中资金来哄抬某只股票。他们推举一个做庄管理人,并且承诺在各自的交易中互不出卖。然后,做庄管理人选股建仓,有可能包括做庄参与人的股票。做庄吃进股票能抬高股价,并且吸引全美关注股市的人的注意力。随后,活跃的股票买卖又会进一步刺激他们的兴趣。所有这一切给人以某个大行情正在酝酿之中的感觉。内幕消息和股评分析师都在谈论不久就会出现新的行情。如果一切进展顺利,公众就会开始做多,而股价也会随之上扬。这时,做庄管理人就会出货,自己留一定比例的利润,余下的由参与者分享。[15]

如果这种情况能够持续下去的话,那么绝对不会有比这更容易赚钱的方法了。公众普遍感到这种交易的吸引力。随着夏季的离去,有人甚至猜测华尔街与此不会毫无干系。这种想法虽然有点过分,不过,华尔街确实没有阻止公众的市场行为。公众不会认为自己在受人掠夺。的确,他们也没有受到掠夺。公众和联手做庄的交易人都是从买卖差价中赚取利润,只不过后者赚得更多。无论发生什么,公众对内部交易的反应就是希望能够获得这些交易的内部信息,进而能够从像卡藤、利维摩尔(Livermore)和拉斯克布等这样的大人物所赚的利润中分享一杯羹。

由于股市越来越不被视为公司远景的指示器,而越来越被看作是操纵技巧的产物,投机者必须最密切,最好是专心致志地关注股市,必须尽早发现联手做庄的迹象。这就意味着必须双眼始终盯住自动报价机。不过,即使凭借预感、魔法或朴素的信念,与众不同地探究职业人士的意图,也仍然会觉得难以与股市保持实况联系。能够兼职投机而获得成功的人简直是凤毛麟角。金钱对于大多数人来说实在是太重要了。在"南海泡沫"事件中,有人指责说,"政治家们忘记了自己的政见;律师们忘记了自己的本行;批发商们忘记了自己的生意;医生忘记了自己的病人;店主忘记了自己的商店;一贯讲信用的债务人忘记了自己的债权人;牧师忘记了布道;甚至女人们也忘记了自尊和虚荣!"[16]这就是1929年!"上午10:00到下午3:00,经纪公司的营业所里挤满了坐着或站着的顾客。他们挤在这里两眼紧盯着显示牌,而不是去做自己该做的事情。在某些‘客户室’里,难以找到一个能够看见行情显示牌的地方,无人有幸能够查阅自动收报机的纸带。”[17]

结果,与市场失去联系,哪怕是暂时失去,也会是极其难忍的体验。幸好,这种情况不经常发生。当时已经在全美范围内提供股价自动报价服务。在当地打一个电话,就能知道几乎任何证券交易所的交易行情。不过,赴欧洲旅行会遇到一点例外的麻烦。正如《文学文摘》在1929 年夏天指出的那样,“跨洋经纪业务以极大的比例增长……但是,对正在越洋旅行的投机者来说,还要忍受不确定性和不便的间歇。”[18]到了 8 月,就连不便的间歇也消失了。与时俱进的经纪公司——带头的是一个名叫 M. J. 米汉(M. J. Meehan)的无线电股专业经纪人、组织多起著名操纵案的老手——依照纽约证券交易所制定的特别规则,在大轮船上设立了分支机构。8 月 17 日,“怪兽”号轮和“法兰西岛”号轮在装备了远洋航行途中开展投机交易所必需的全部设施以后驶离了纽约港。在“法兰西岛”号轮上的交易,据说,开张第一天就非常活跃。在头几笔交易中,有一笔是由欧文·柏林做成的。他以每股 72 美元的价格卖掉了 1 000 股“帕拉蒙特—法摩斯—拉斯基”(Paramount-Famous-Lasky)。(这可是聪明之举。这只股票后来几乎一文不值,公司也陷入了破产的境地。)

在斯波坎,一位匿名诗人以《发言人评论》杂志编者的名义写诗庆贺远洋轮上甲板交易所的开张。

我们在拥挤的船舱里，
两眼注视着显示牌；
午夜的大海，
风雨交加，波涛汹涌；
……
船长步履蹒跚，走进舱里
大喊："我们亏惨啦！"

"我得到一条内部消息，"船长声音颤抖地说：
"是无线电发报机发来的；
消息是我同事的姨妈透露给
杜兰特的一个表哥的。"

听到这可怕的消息，我们浑身发抖，
再健壮的人也会瘫倒在地，
而经纪人却在大叫："追加保证金！"
行情显示牌却停止了运转。

此时，船长的小女儿认真地问道：
"我不明白——难道船上的'摩根'
与陆地上的'摩根'不是同一家公司？"[19]

七

由于劳工节,1929 年的暑假照例于 9 月 2 日结束。那天,热浪滚滚,暑气逼人。晚上,驾车回来的度假者都被堵在了距离纽约数英里的公路上。结果,许多人弃车改乘火车或地铁回家。9 月 3 日,纽约还是闷热难忍,据气象局报告,这是当年最热的一天。

除了华尔街以外,这是这个安静季节里特别平静的一天。几年以后,弗雷德里克・刘易斯・艾伦就是在这一天改行转入报界,在一篇有趣的文章里讲述了所有他觉得可写的东西。[20] 不过,也不是很多。他以惯常的随意讨论了裁军问题,这种漫无计划的方式无疑最终会毁了我们。齐帕林伯爵的首次环球飞行那时正接近尾声。洲际航空公司的一架三引擎飞机在新墨西哥州附近因遭遇雷暴而坠毁,机上 8 人全部遇难。(该公司刚开辟去西海岸的 48 小时联运服务——火车卧铺到俄亥俄州的哥伦布,换乘飞机到俄克拉荷马州的韦诺卡,再转乘卧铺到新墨西哥州的克洛维斯,最后乘飞机完成其余的行程。)巴布・鲁斯(Babe Ruth)在这个赛季已经打出了 40 个本垒打,《西线无战事》作为畅销书排名超过了《多兹沃思》,女装流行彻底的低平领,对此,人们未加任何评论。华盛顿方面宣布,因在茶壶丘丑闻案调查期间蔑视参议院,当时被监禁在哥伦比亚特区监狱的哈里・F. 辛克莱(Harry F. Sinclair,1876～1956 年,美国石油公司总裁,因与茶壶丘丑闻有牵连而被监禁。——译者注),其行动将受到更加严格的限制。此前,他每天乘车去他本人担任"药剂师助理"的狱医办公室。这一年早些时候，辛克莱的股票交易做得很大，后来变成了主要的被调查对象。艾伦没有交代辛克莱在华盛顿“逗留”期间是否中断交易。种种迹象表明似乎不可能发生这种情况。辛克莱是他这一代最足智多谋、精力旺盛的企业家之一。

9月3日，纽约证券交易所的成交量达到了4 438 910股；短期贷款一整天的日息是9%，一流商业票据的银行承兑利率是6.5%，而纽约联邦储备银行的再贴现利率则是6%。市场坚挺，用市场分析人士的话来说，就是市场走势良好。

美国电话电报公司股票的价格当天涨到了304美元；美国钢铁公司股票的价格达到了262美元；通用电气公司股票的价格是396美元；J. I. 凯斯(J. I. Case)公司股票的价格为350美元；纽约电话股票的价格为256美元；美国无线电公司经过先前的拆股，但未分任何红利后的调整股价是505美元。根据联邦储备当局的数据，经纪人贷款在放松管制以后，一周内又增加了1.37亿美元。纽约各银行也大肆向联邦储备银行贷款支持投机业务——这个星期贷款增加了6 400万美元。8月份，国外流入纽约的黄金数量仍然居高不下；而9月份开市大吉。下面一些文字可以说明当时人们对市场的信心。

9月3日，人们普遍认为，20世纪20年代的大牛市宣告结束。经济状况一如既往地出现了某些戏剧性的转机。结果仍然比较模糊，甚至无法确定。在随后的几天，就这么几天里，某些平均指数实际有所反弹。不过，市场再也没有表现出昔日的信心。以后出现的高点不是真正的高点，而是下跌趋势中出现的暂时反弹。

9月4日，市场状况仍然不错。接下来的9月5日，行情发生了突变。《纽约时报》工业股平均指数下跌了10点,而许多个股的跌幅要大得多。蓝筹股的表现仍然相当不错,尽管美国钢铁从255美元跌到了246美元,威斯汀豪斯下跌了7美元,而美国电报电话公司的股价下跌了6美元。由于投资者急于减仓,成交量急剧增加:纽约证券交易所的日成交量达到了5 565 280股。

股市下跌的直接原因显而易见,并引起了某些人的关注。罗杰·巴布森(Roger Babson, 1875～1967年,美国金融统计学家。——译者注)在全美商业会议年会上发表讲话指出:“崩盘迟早会发生,而且可能是令人恐怖的。”他还说,上次发生在佛罗里达州,而这次将发生在华尔街,并且用一贯的准确性说道,(道琼斯)市场平均指数很可能下跌60～80点。在一片震耳欲聋的倒彩声中,他断言:“工厂将会倒闭……工人将会失业……恶性循环将周而复始,而结果将是严重的商业萧条。”[21]

他的讲话毫无宽慰作用,但却产生了这样一个问题:股市怎么会突然引起巴布森的关注?当时,有许多人竞相预测,巴布森在这之前也多次对股市进行过预测,但都没有以某种方式严重地影响股价。而且,巴布森没有像欧文·费雪和哈佛经济学会那样作为预言家赢得了人们的信任。作为教育家、哲学家、神学家、统计学家、预测家、经济学家和万有引力定律的支持者,巴布森被认为因同时从事多种职业而一事无成。他据以得出结论的方法是一个谜。这些方法涉及许多图表的线条和区间。有可能就连神秘的直觉也起到了部分作用。那些运用理性、客观和科学的方法的人自然为巴布森感到担心,尽管他们的方法没能预测到股市崩溃。在这些问题上,就像通常在我们的文化里，以可敬的方式做错事远远要好于因错误的原因做对事。

华尔街并没有因巴布森的预测而惊慌失措，而是迅速、有效地组织起对巴布森的抨击。《巴伦商业与金融周刊》在9月9日的一篇社论中以强烈的讽刺口吻称巴布森是“韦尔兹利的圣贤”，还说任何领教过他以往声名狼藉的错误预言的人都不应该把他的话当真。纽约证券交易所的霍恩布洛尔—威克斯(Hornblower and Weeks)经纪行毫不留情地告诉自己的顾客说：“我们不会因为一名著名统计师毫无道理地预测股市将发生逆转而大肆抛售股票。”[22]欧文·费雪同样表示了不同的意见。他指出，股利将有所增加，对普通股的疑虑将会减弱，投资信托“现在为投资者提供了广泛的管理精良的多样化手段”。他的结论是：“也许会出现股价下跌的情况，但绝不会发生崩盘之类的事情。”[23]一家波士顿投资信托公司阐述了一个略微不同的问题，它告诉公众，应该做好股市轻微下调的准备，但必须明白下调行情很快就会过去。这家投资信托公司在其巨幅广告上说：“当出现暂时的下调行情，即美国繁荣这条不断上升的曲线出现缺口时，就连最成功公司的个股也会随大盘下调……”不过，这家公司同样为了自己的利益说“公司投资者应该进行软着陆”。

巴布森预测的股市突变，就像是被紧急召唤的那样，在一个星期四突然而至。星期五，多方重整旗鼓；星期六，股市表现坚挺。投资者似乎战胜了自己的恐慌心理，仿佛不断上升的曲线会像往常那样再次上攻，尽管巴布森做出了不利的预测。在接下来的一个星期，即9月9日开始的那个星期里，股价像是在搞恶作剧似的。星期一，《纽约时报》因袭早期悲观论的谨慎态度，暗示末日已经来临，并且补充说道："行情火暴时期一个众所周知的特点就是，火暴行情终究会以一种令人不快的古老方式结束，而这一观点几乎不可能得到人们的承认。"星期三，华尔街运用堪称范文的优美股评语言指出，"昨天，主要板块股票价格的波动继续显示了股价大幅度上涨后暂时进行技术调整的特点"。

股价波动仍在继续。有几天，市场表现强劲；另外几天，市场表现疲软。股价波动幅度不大，缺乏稳定性，但回过头来看，则呈现相当明显的下跌趋势。新的投资信托仍在不断涌现，涌向股市的人还在继续增加，而经纪人贷款持续急剧增长。末日已经来临，但还是没有引起人们的注意。

也许，事已如此，在"生命"的最后时刻就应该抱一点希望，就如同华尔街被人说的那样。9 月 11 日，《华尔街日报》像往常一样发表了对当天行情的看法。这一天的执笔人是马克·吐温。

在幻想要离您而去，而您也许仍能生存下来的时候，请不要放弃幻想，而是中止生活。

注释

[1]*Stock Exchange Practices*, Report(Washington, 1934), p.8.

[2]*The Wall Street Journal*, September 19, 1929.

[3]*New Levels in the Stock Market*, p.183.

[4]*New York Times*, August 2, 1929.

[5]*The American Magazine*, June 1929.

[6]*Wall Street and Washington*, p.179.这段话后来被《纽约时报》的社论引

用,现在又被本书引用。

[7]*The Commercial and Financial Chronicle*, March 9, 1929, p.1444.

[8]Alexander Dana Neyes, *The Market Place* (Boston: Little, Brown, 1938), p.324.

[9]*Stock Exchange Practices*, Hearings, April-June 1932, Pt.2, p.601 ff.

[10]同上,p.676 ff。

[11]Allen, *Only Yesterday*, p.322.

[12]*Only Yesterday*, p.315.

[13]*Stock Exchange Practices*, Report, 1934, pp.9, 10.

[14]同上,Noyes, p.328。

[15]*Stock Exchange Practices*, Report, 1934, p.30 ff.

[16]Viscount Erleigh, *The South Sea Bubble* (New York: Putnam, 1933), p. 11.

[17]同上,Noyes, p.328。

[18]*The Literary Digest*, August 31, 1929.

[19]转引自 *The Literary Digest*, August 31, 1929。

[20]"One Day in History," *Harper's Magazine*, November 1937.

[21]*The Commercial and Financial Chronicle*, September 7, 1929.

[22]转引自 *The Wall Street Journal*, September 6, 1929。

[23]Edward Angly, *Oh, Yeah!* (New York: Viking, 1931), p.37.

5

崩　盘

一

根据当时对时局的普遍看法，1929 年秋天，美国经济彻底陷入了萧条。6 月，工业与工厂生产指数双双达到最高点，然后开始一路下滑。10 月，联邦储备工业生产指数由 4 个月前的 126 点下降到了 117 点。钢铁产量从 6 月份开始一路下滑；10 月，铁路运输量减少；住宅建设这个易变的产业几年来持续低迷，而 1929 年仍继续下滑。最后，股市终于下跌。对这一时期经济状况颇有研究的一名学者指出，股市下跌“大体上反映了已经很明显的工业形势变化”。[1]

因此，按照这种观点，股票市场仅仅是一面镜子，也许在 1929 年这种情形下，略微滞后地反映了更加重要或者更加基本的经济形势。

经济形势是因，而股市表现是果，但绝非相反。1929 年，美国经济出问题在先，最终经济问题在华尔街得到了强烈的反映。

在 1929 年，这种观点是有其充分道理或者说至少有重要原因的，而且很容易理解这种观点为什么成为一个重要的信条。1929 年，华尔街与其他地方一样，几乎没有人料到会发生一次严重的萧条。华尔街和别处一样，深信“咒语”的威力。在股市下跌的时候，华尔街的许多“公民”立刻意识到了收入和就业——经济繁荣的标志——受到不利影响的真正危险，对这种危险必须加以防范。防范这个“咒语”要求尽可能多的重要人物尽可能坚定地反复重申这种危险不可能出现。他们确实是这样做了。他们解释了股票市场为什么只是一种表征，而经济生活的真正实质全在于生产、就业和支出，所有这些因素还没有受到影响。当时，没有人真正懂得这个道理。“咒语”就像经济政策工具一样，容不得半点怀疑和犹豫。

重要的是，在萧条发生后的几年里，继续有人在强调股票市场的次要性。萧条是一种非常令人不快的经历。在美国人的生活中，华尔街并不总是一种讨人喜欢的象征。在美国某些笃信宗教的地区，那些从事股票投机的人甚至被人们轻蔑地称为“赌徒”，他们并没有被视为我们社会最伟大的道德象征。因此，必须非常认真地对待任何把萧条归咎于股市崩溃的解释，因为它们对于华尔街意味着严重的麻烦。华尔街已经遭受了太多的伤害，但它肯定还要生存下去。我们应该清楚，没有人有意密谋去降低华尔街对经济造成的影响。相反，每一个具有保守的生存本能的人都希望华尔街最好能够躲过这一劫，毕竟它已经经受不起这样的折腾了。

事实上,对1929年秋天及以后发生的事情的任何解释都必然会提到投机造成股市暴涨和随后又导致崩盘的显著作用。1929年9月～10月,经济衰退还不十分严重。正如我在后面指出的那样,直到股市出现暴跌行情的时候,人们还可以毫不过分地认为,股市很快就会反弹,就像1927年曾经出现的或1949年后来出现的走势那样,绝对没人会料到灾难随即就会发生。没有人会想到生产、价格、收入和其他经济指标会持续萎缩漫长而又可怕的3年。只是在股市崩盘以后,才有可靠的依据推测形势将严重恶化,而且会持续相当长的时间。

因此,从前面的阐述可见,股市不会发生崩盘,就如某些人所预言的那样,因为市场已经意识到一场严重的萧条马上就要降临。在股市大跌之前,萧条无论是否严重,都是无法预测的。不过,仍然有可能出现这样的情况:投机者因各项经济指标下跌而感到恐慌,于是大量抛售手中的股票,结果捅破了总有一天会破灭的泡沫。发生这种情况的可能性比较大。某些关注经济指标变化的人也许会被明智的抛盘决策所折服,而另一些人则会受怂恿而跟进。这种情况不是很严重,因为投机造成的火暴行情总是如此,一有风吹草动就会下跌。对信心的任何严重打击都有可能导致那些始终希望能在最终崩盘前获利,然后清仓出局的投机者大肆抛盘。投机者们的悲观情绪会影响那些曾经认为股市只涨不跌、头脑比较简单的人。现在,他们也改变了主意,开始出货。很快,证券交易所就会要求增加保证金,而另一些投资者又会被迫抛盘。这样,泡沫就会破灭。

除了经济指标下跌以外,华尔街还把泡沫破灭归因于另外两个事件。1929年9月20日,英格兰的克拉伦斯·哈特立(Clarence Hatry)公司突然倒闭。哈特立是一个不像英格兰人的有趣人物。对于他这样的人,英格兰人经常自叹弗如,尽管他早些年在金融业的经历倒也令人放心。哈特立在20世纪20年代构筑了一个其规模确实令人印象深刻的工业与金融帝国。这个帝国最引人注目的核心业务就是制造和销售投币自动照相机。后来,哈特立放弃了这些不起眼的企业,改行从事投资信托和大宗融资业务。他的发迹在很大程度上多亏了未经许可的股票发行业务,并且靠违规发行股票和其他同样不正规的融资业务积累了资产。根据1929年的传闻,哈特立的真相在伦敦的曝光被认为严重影响了纽约的信心。[2]

与哈特立事件同时流传的另一事件,就是10月11日马萨诸塞州公用事业局不允许波士顿·爱迪生公司(Boston Edison)把自己的股份每股拆分成4股。如同该公司所指出的那样,拆股在当时是非常流行的。对波士顿·爱迪生公司来说,不求进取就有可能倒退到煤气灯时代。不准拆股,这也是没有先例的。马萨诸塞州公用事业局立即还以颜色,宣布对该公司的信用等级展开调查,并且指出该公司股票的现值"是因投机而实现的",现在已经到了"据我们判断,没有一个人会根据它的收益觉得买这只股票仍有利可图"的地步。

这是一些不负责任的话。可以想象,这些话可能产生类似克拉伦斯·哈特立真相曝光那样严重的后果。不过,股市本来就不稳定的平衡同样有可能仅仅因自发的出局离市决定而被打破。9月22日,纽约各家报纸的财经版都以引人注目的黑体大字刊登了一则投资服务广告:"请别停留过久,牛市良机不会再现。"这条广告可以被理解为："大多数投资者在牛市赚了钱，最终必然会被接下来的股市调整抹去全部的利润，有人甚至还要蒙受净亏损。"联邦储备工业指数下降、哈特立真相曝光或马萨诸塞州公用事业局不正常的刁难，都不可能激起先是数十人，然后是数百人，最后是成千上万的人产生牛市行将结束的思想顾虑。我们不知道是什么原因首先引发了投资者们的顾虑。不过，我们明白，什么原因引起投资者的顾虑这一点并不重要。

二

信心并不是一下子消失的。如前所述，从 9 月到 10 月，尽管市场总的来说呈下跌趋势，但其间也出现过上涨的行情，成交量也不小。纽约证券交易所的日成交量始终保持在 400 万股以上，而且时常超过 500 万股。9 月，新股发行量甚至超过了 8 月，而且通常总有高于发行价的溢价出现。9 月 20 日，《纽约时报》载文指出，最近上市的莱曼公司(Lehman Corporation)股票，其发行价是 104 美元，前日股价已经涨到了 136 美元。(对于这种管理良好的投资信托公司，公众的热情完全不会被误导。)整个 9 月，经纪人贷款增长了将近 6.7 亿美元，绝对是有史以来最大的月增幅。这说明投资热情没有减弱。

其他迹象表明，新时期受人尊敬的诸神仍被供奉在他们的神殿里。10 月12 日这一期的《星期六晚报》在其显著位置刊登了艾萨克 · F. 马克森(Issac F. Marcosson)采访伊瓦尔 · 克鲁伊格(Ivar Kreuger)的访谈录。这可是独家新闻，因为克鲁伊格公司从不接受记者采访。马克森指出:“克鲁伊格就像胡佛一样,是一名工程师。他一贯以工程师的精确来营造其分布广泛的产业帝国。”而且,这并不是他俩唯一的相似之处。作者补充说道:“与胡佛一样,克鲁伊格也纯粹凭借理智来进行管理。”

在采访过程中,克鲁伊格有一点表现得十分坦率。他告诉马克森:“凡是我所取得的成就都可以归功于三个因素:首先是保持沉默;其次是继续保持沉默;最后是仍然保持沉默。”事实也是如此。两年半以后,克鲁伊格在他巴黎的一套公寓里自杀身亡。此后不久,人们发现,他讨厌走漏消息,尤其是准确无误的消息,因此就连最熟悉他的知心朋友也不知道这起有史以来最大的欺诈案。他的美国包销商、非常值得尊敬的波士顿李—希金森公司(Lee, Higginson and Company of Boston)没有听到一点风声,该公司的一名成员唐纳德·杜兰特(Donald Durant)是克鲁伊格企业公司董事会的成员,但他从来没有参加过董事会会议。可以肯定的是,即使出席会议,他也不会因此而变得消息灵通。

在10月的最后一个星期里,当时刚创刊不久、还不是非常著名的《时代》杂志刊登了克鲁伊格的特写照片——“塞希尔·约翰·罗兹(Cecil John Rhodes,1853~1902年,英国资本家和殖民者。——译者注)的伟大崇拜者”。接着,一星期以后,仿佛是要强调自己对新时期的信心,《时代》杂志封面又刊登了萨缪尔·英萨尔(Samuel Insull,1859~1938年,美国公用事业巨头,1892年成为芝加哥爱迪生公司总经理,他在美国中西部的庞大控股公司在20世纪30年代大萧条时期解体。——译者注)的照片。(两个星期以后,《时代》杂志青春期的幻想彻底破灭，这本新闻周刊把具有历史性荣誉的位置献给了纽约州新新监狱的劳斯监狱长。）在这些深秋的日子里，《华尔街日报》注意到了关于安德鲁·梅隆（Andrew Mellon）至少留任到1933年的官方公告（当时有传闻说他要辞职），并且载文指出："乐观论者再次占据上风……公告……并不比其他任何东西更能够恢复信心。"查尔斯·E. 米切尔在德国宣布"美国工业绝对是健康的"，经纪人贷款受到了过分的关注，"任何因素都阻止不了上涨趋势"。10月15日，他在启程回国时详细谈论了这样一个问题："总的来说，市场处于一种健康状态……股价具有基于我国经济普遍繁荣的合理基础。"同一天晚上，欧文·费雪教授发表了具有历史意义的股价长期居于高位的宏论，并且补充说："我希望看到股市未来几个月的交易量超过目前的交易量。"在10月的这些日子里，唯一令人不安的因素其实就是股价一路下滑。

三

10月19日，星期六，据发自华盛顿的新闻报道，商务部长拉蒙特（Lament）难以拿出10万美元的公共资金用以支付J. P. 摩根刚送给政府的"海盗"号快艇的维修费用。（摩根的损失还没到尽头：一艘价值300万美元的崭新"海盗"已经停靠在缅因州巴思港。）其他更加引人注目的迹象反映了一种非同寻常的银根收缩政策。各家报纸纷纷报道了前一交易日股市十分疲软——成交量严重萎缩，而且《纽约时报》工业股平均指数大约下跌了7点。美国钢铁下跌了7美元；通用电气、威斯汀豪斯和蒙哥马利·沃德等股票都下跌了6美元。而这一天,股市表现非常糟糕,是历史上成交量第二大的星期六。有3 488 100股股票被换手。收市时,《纽约时报》工业股平均指数下挫12点。各蓝筹股也大幅下跌,连受投机者青睐的股票也急剧下跌。例如,J. I. 凯斯公司的股票下跌了整整40美元。

星期天,股市成了各家报纸的头版新闻——《纽约时报》的大字标题新闻是"股价趋跌,抛售浪潮席卷股市",而财经版编辑在星期一大概是第十次刊登牛市终结的报道。(不过,他已经学会了迂回报道的手法,如"至少眼下,华尔街似乎看不到事实真相"。)没有人立即站出来解释股市逆转的原因。联邦储备当局已经沉默多时;巴布森也没有发表新的宏论。还差一个星期,哈特立和马萨诸塞州公用事业局的事就要过去一个月了,并且只是后来才被解释为导致股市逆转的原因。

这个星期六,各家报纸报道了三种在以后几天里经常听到的意见。值得注意的是,星期六的交易过后,证券经纪公司只发出了相当少的保证金催缴单。这说明保证金交易者持有的股票价值已经跌到了不足以作为贷款抵押物的地步。投机者被要求支付越来越多的现金。

另外两条消息比较令人欣慰。各家报纸一致认为,而且这也是华尔街消息灵通人士的观点:最艰难的时刻已经过去。并且,有人预言,下一交易日,市场将开始受到有组织的支持。虽然市场已经出现了疲软,但绝不再会继续发展下去。

从来没有哪个词组像"有组织的支持"那样具有魔力。几乎随即人人都在谈论“有组织的支持”，而且有关市场的每一个新故事都离不开这个词组。“有组织的支持”意味着实力雄厚的人士将组织起来救市，把股价维持在一个合理的水平上。至于这次“有组织的支持”将由谁来出面牵头，众说纷纭，莫衷一是。有人心想应该是像卡藤、杜兰特和拉斯克布这样的大投机商；另一些人想到了银行家们——查尔斯·米切尔以前曾经采取过一次这样的行动，如果事态继续恶化的话，那么他肯定会再次采取行动；还有一些人则想到了投资信托公司。投资信托公司持有大量的普通股，显然无力承受股价下跌的后果，何况它们手头还有现金。如果股价下跌，那么它们就能在市场上捡便宜货。这就意味着股价便宜的现象不会持续很久。有那么多的人看好股市不会进一步下挫，那么股市当然有可能避免进一步下挫。

在随后的几星期里，安息日（星期六及星期天）休市，显然有种不安、疑惑和悲观倾向在孕育之中，也有人盼望星期一会有新的政策出台。10 月 20 日这个星期天似乎肯定发生了这种情况。

四

10 月 21 日这个星期一是一个非常不幸的日子，日成交量达到了 609.187 万股，是历史上第三大日成交量。全美数以万计在观望市场的投资者发现了一个令人头痛的现象，但又说不清到底是发生了什么。以前，在行情火爆的日子里，自动报价机常常跟不上股价上涨的速度，因此人们往往要等到收市以后才发现自己又赚了一大笔。

不过,熊市行情下跌的速度感觉上要慢得多。可是,自3月份以来,自动报价机倒也没有严重滞后于股价下跌。许多人现在第一时间就知道自己可能要彻底并永远地破产了。以前,他们甚至不知道什么叫破产。而现在,即使他们没有破产,也极有可能会想象自己就要破产了。从10月21日开市起,自动报价机又犯上了老毛病,到中午时分要滞后1小时。到收市1小时40分以后,报价机才显示出最后一笔交易。精选股的价格每10分钟在债券报价机上通报一次,但这些股票在债券报价机上显示的价格与自动报价机纸带上打出来的价格之间相差这么长的时间,这只会加剧投资者们的不安。结果,他们越来越相信最好的办法也许是把手中的股票抛掉。

情况尽管很糟,但还没有糟到毫无希望的地步。在星期一交易临近结束的时候,多方又重整旗鼓,发起攻势,结果收盘价还高于当天的最低价。股市净跌幅大大小于星期六。星期二,股市震荡,股价略有回升。就像以前经常发生的那样,市场似乎显示出反弹的实力。而现在,投资者们宁愿把这看作是又一次下挫的前兆,因为此前已多次出现过这种情况。

投资者们之所以这样做,是因为受到两位当时被公认为华尔街官方发言人的帮助。星期一,费雪教授在纽约发表讲话。他说,股市下跌只不过是反映了一种"摆脱极端疯狂"的要求。他还解释了为什么他觉得股价在行情火暴时期没有反映其真实价值,以及理应涨得更高的原因。其中的一个原因就是市场还没有反映禁酒的正面效应,因为禁酒"提高了美国工人的生产效率,并且使他们变得更值得信赖"。

星期二，查尔斯·E. 米切尔回到纽约发表评论说，“股市跌得太深”。(时间以及国会和法院的各种会议纪要都证明，米切尔先生有很重要的个人原因才会产生这种感觉。)他又补充说，经济状况“基本上是健康的”，巨额经纪人贷款受到了过分的关注，并且下结论说，经济如果不受干预的话，其本身还是正常的。可是，巴布森发表了另一种不和谐的观点，他建议投资者抛售股票，买进黄金。

10 月 23 日，星期三，不知为何费雪和米切尔的讲话并没有产生作用。股市非但没有上攻，反而严重下挫。开盘时走势相当平稳，但快到 10:00 时，发动机零件股出现严重抛盘，市场成交量也开始放大。收盘前最后1 小时，股市出现异常现象——在价格迅速下跌时有 260 万股股票换手。当天，《纽约时报》工业股平均指数由 415 点下降到了 384 点，把 6 月底以来的涨幅全部抹光。电话电报公司的股价下跌了 15 美元，通用电气下跌 20 美元，威斯汀豪斯下跌 25 美元，而J. I. 凯斯又大跌 46 美元。股票行情自动报价机又一次远远落后于股价下跌的速度。中西部地区的一场冰雹更是雪上加霜，导致大范围通信中断，从而加剧了不确定性。这天下午和傍晚，成千上万的投机者由于预测失误，在市场趋好的时候决定清仓离场。另有数千投机者被告知，除非增加抵押，否则就要被强行清仓。到这一天交易结束时，已经发出了数量空前的保证金催缴单。就连费雪教授在华盛顿发表讲话时的乐观态度也大为逊色。他在一次银行家聚会上说道：“在大多数情况下，证券价格并没有被不适当地抬高。”不过，他仍没有改变对未实现的禁酒效果的态度。

当天夜里，各家报社都怀着对一个即将离去的时代依依不舍的心情准备付印第二天的报纸。有一幅可怕的广告宣布克鲁伊格—托尔公司新股认购权售价 23 美元。就这还有那么一点安慰因素。有人预言,第二天,股市肯定将开始受到“有组织的支持”。

五

在谈到这个问题时,10 月 24 日星期四,史称 1929 年大恐慌的第一天。以无序、惊恐和混乱的标准来看,这个星期四确实无一能及。那天换手的股票数达到 12 894 650 股,而且其中的许多股票售价之低,足以导致其持有人的希望和美梦破灭。在证券市场的全部秘密中,没有哪个秘密像每个想要抛盘的卖家为什么一定要找到买家接盘这一秘密那样令人捉摸不透。1929 年 10 月 24 日的情况说明,神秘的事并不是不可避免的事。股市上常常找不到买家,只有在股价直线下跌之后,才会有人愿意接盘。

恐慌没有持续一整天,而只在上午持续了几个小时。股市开盘时并没有出现什么值得注意的迹象,而且有一段时间股价还非常坚挺,不过交易量很大。突然,股价开始下跌。自动报价机又一次落后于行情的变化。股价下跌的速度越来越快,显示牌滞后的时间越来越长。到了上午 11:00,股市陷入了疯狂的竞相抛盘。在全美人头簇拥的各交易所交易大厅里,行情显示牌上显示的是可怕的股价暴跌。而显示在债券行情显示牌上的精选股价格现在已经大大低于发明自动报价机时的价格,不确定性导致越来越多的投资者设法抛售手中的股票。另一些再也无力应付保证金催缴单的投资者也不得不清仓出局。到了11:30,股市已经完全听凭盲目、无情的恐慌摆布,这就是名副其实的大恐慌。

位于布罗德大街的纽约证券交易所外传来了一阵怪异的吼叫声,人们围拢到一起。格罗夫·惠伦警长马上意识到发生了什么严重的事情,立即派一支特警队前来华尔街维持治安。越来越多的人聚集过来,等候在这里,但又不知道是在等候什么。有一个工人出现在附近一栋大楼的顶上,准备对楼顶进行维修,而楼下围观的人群还以为他想跳楼自杀,都焦急地等待他纵身一跳。纽约城乃至全美各证券经纪公司分公司的周围都围满了人群。船上和车里的乘客看到这种情形都会问或者寻思发生了什么事。看到这种情景的人自然会想,人们的表情说明“没有什么比这种可怕的疑惑更加折磨人的了”。[3]华尔街和其他地方谣言不断。股票现在以低到不能再低的价格出售。芝加哥和布法罗证券交易所已经关闭。自杀风开始蔓延,而且已经有11个知名的投机者自杀身亡。

12:30,纽约证券交易所的工作人员关闭了游客观光廊。有一名刚离开观光廊的游客不久便显示出其扭转历史的非凡能力。他就是英国前财政大臣温斯顿·丘吉尔。1925年,就是这位财政大臣在英国恢复了金本位制,并且导致英镑高估。因此,他极力主张派遣蒙塔古·诺曼来纽约游说放松银根的政策,并且就在这一关键时刻导致信贷泛滥,按照学术界的看法,从而引发了火爆的股市行情。现在,想必丘吉尔亲眼看到了自己的败笔造成的后果。

后世没有任何指责丘吉尔的记载。“经世济国”从来就不是他的强项,因此他也绝不可能自责。

六

纽约的恐慌至少到中午才告结束。中午，股市出现了有组织的支持。

12:00，记者们获悉，位于华尔街23号的J. P. 摩根公司总部正在召开一个会议。与会者的名单——国民城市银行董事长查尔斯·米切尔、大通银行(Chase National Bank)董事长艾伯特·H. 威金(Albert H. Wiggin)、担保信托公司(Guaranty Trust Company)总裁威廉·C. 波特(William C. Potter)、银行家信托公司(Bankers Trust Company)董事长苏厄德·普罗瑟(Seward Prosser)以及东道主摩根公司的资深合伙人托马斯·W. 拉蒙特(Thomas W. Lamont)——很快就传开了。据传，1907年大恐慌期间，老摩根说了一句"制止恐慌的时候到了"，便结束了是否要拯救美洲信托公司的讨论。结果，恐慌便结束了。现在，22年以后，这出戏又重新上演。老摩根已经离开人世，而他的儿子远在欧洲，不过由同样有魄力的人取而代之。他们是美国最有实力的金融大亨。此时，他们还没有遭到新政拥护者们的嘲讽和诽谤。他们准备采取行动的这一消息就把受恐怖摆布的人们从恐怖中解救了出来。

确实，他们很快就决定共同出资拯救股市。[4] 散会以后，托马斯·拉蒙特接受了记者的采访。据报道，他的态度严肃，但他的讲话令人欣慰。在后来被弗雷德里克·刘易斯·艾伦称为有史以来最引人注目的保守说法的讲话中[5]，拉蒙特告诉新闻记者说，"纽约股市有那么一点做空的紧张气氛”。他又补充说，这是“由市场的技术条件，而不是因基本面的因素造成的”。他还告诉记者形势会有所好转。他让记者们明白，银行家们已经决定扭转目前的局势。

他的讲话也传到了银行家们举行会议的纽约证券交易所的交易大厅，而自动新闻收报机把这具有魔力的讲话传送到了更远的地方。股价走势一度变得平稳起来，并且开始回升。1:30，理查德·惠特尼(Richard Whitney)出现在交易大厅，并走到钢铁股交易柜台前。惠特尼也许是此时交易大厅里最显赫的人物。他是具有良好背景和受过适当教育的群体中的一员，他被寄予厚望，能出面管理交易所的事务。当时，他是纽约证券交易所的副总裁。而在埃德华·H. H. 西蒙斯(Edward H. H. Simmons)远在夏威夷缺席期间，他作为代理总裁行使职权。不过，更重要的是，他当时以摩根公司场内交易人的身份而出名，而他的兄长是摩根公司的合伙人。

惠特尼走在人群当中，显得温文尔雅，非常自信——后来有人说他踌躇满志。(他自己的公司主要做债券生意，因此他不太可能过多地介入那天上午的混乱局面。)在美国钢铁公司股票交易柜前，他出价 205 美元买进 10 000 股。205 美元是最后一笔交易的成交价格，现在的报价比这要低好几美元。在这宗完全缺乏正常买卖气氛的交易中，他买到了 200 股，然后就把剩下的订单交给了专业经纪人。他继续在交易大厅里转悠，并且以同样的方式下单，购买 15 或 20 来只其他股票。

情况就是这样，与会的银行家们显然已经插手干预。真是立竿见影，人们的恐慌心理顿时烟消云散，转而担心错过新的上涨行情。

股价迅速反弹，节节攀高。

银行家们真的完成了值得注意的护盘行动。这天上午，由于股价大跌，旨在止损抛盘的卖单(只要达到指定价格就卖出的委托)数量居高不下。许多客户对保证金催缴单置之不理，证券经纪人为了保护自己，已经下了许多止损抛盘委托。每一份抛盘委托都会增加股市上的股票供给，从而导致股价进一步下跌。因此，每一笔“割肉”交易都会导致另一笔接踵而至。这是名副其实的连锁反应。银行家们要制止的就是这种连锁反应，而且他们果断地采取了行动。

在收盘前的一段时间里，卖盘委托继续从全美各地汇集而来，使得市场再一次变得疲软。就像抛售导致星期四变得不可思议地黑暗、恐怖一样，黑色星期四自己也恢复得不可思议地快。《纽约时报》工业股平均指数下跌了 12 点，或者说跌幅略比上一交易日大 1/3。美国钢铁，惠特尼救市首选的股票，那天上午以 205.5 美元开盘，比前市收盘价高出 1～2 美元。当天，美国钢铁最低跌到了 193.5 美元，比开盘下跌了 12 美元；[6]后又上攻到了收盘时的 206 美元。当天，美国钢铁股票出人意料地净涨了 2 美元。蒙哥马利·沃德公司的股票以 83 美元开盘，并一路下挫，在 50 美元探底，最后收盘于 74 美元。通用电气一度跌到了比开盘价低 32 美元的价位，而后又反弹了 25 美元。在场外交易市场上，高盛贸易公司的股票以 81 美元开盘，最低跌到了 65 美元，然后一路反弹，最后报收于 80 美元。J.I.凯斯公司因为把许多风险资本投放到脱粒机生意上的离奇行为而出了名，那天股价净涨了 7 美元。许多股民有充分的理由应该感谢华尔街的金融大亨们。

七

当然,没有一个人会表示感谢。全美各地,人们只是朦胧地觉得股市行情有所好转。下午早些时候,当股市开始上攻的时候,自动报价机反应又滞后了几个小时。尽管债券行情自动报价机所反映的即时报价显示,股市行情有所好转,但股票报价机仍继续机械地传递着最令人失望的信息。而且股票报价机上反映的信息才真正具有价值。可是,对于许许多多观看行情的股民来说,股票报价机上反映的信息就意味着他们必须割肉清仓,意味着发财的梦想,事实上也是他们的现实,随着房子、车子、珠宝和名誉一起逐渐地消失。在股市让他们的梦想破灭以后又出现了转机,这更使他们感到心寒。

那天晚上七点半、八点左右,股价收录机还没有记录完当天的不幸。自上午开盘以来大肆抛盘的投机者们默默地坐在交易大厅里,双眼紧盯着行情显示牌。几个月甚至几年养成的习惯,尽管现在到头来毫无结果,但一时半刻也不可能改变。因此,趁当天最后的交易还在记录当中,他们有的愁眉苦脸,有的一脸严肃,夜晚出来聚集在一起。

华尔街上,各办公大楼灯火通明,证券公司的职员们正忙着结算当天的交易。邮递员和交易大厅的侍从,他们都没有亏损的烦恼,兴奋地在大街上玩笑取乐,直到警察前来制止。35 家最大的电讯社的代表们在霍恩布罗尔—威克斯(Hornblower and Weeks)事务所开会。他们临走时告诉媒体说“市场基本面是健康的”“技术面也好于过去几个月”。与会代表一致认为,最困难的时刻已经过去。会议东道主发表了一份行情报告书声称,“从今天的交易开始,市场应该在为我们所认为的将标志着1930年特征的建设性进步奠定基础”。查尔斯·E.米切尔发表讲话声称,市场上出现的问题纯粹是一些“技术面的问题”,而“基本面仍然没有受到影响”。参议员卡特·格拉斯发表讲话说,市场之所以出现问题,很大程度上是因为查尔斯·E.米切尔。而印第安纳州的参议员威尔逊则把股市崩溃的原因归咎于民主党反对提高关税。

八

星期五和星期六,市场仍保持巨大的成交量:星期五的成交量略低于600万股,星期六这个短市的交易量也超过了200万股。总体而言,股价走势稳定,星期五略有上涨,星期六呈现小幅下滑。有人认为,银行可能处置了它们在星期四的救市行动中吃进的大部分股票。不仅市场形势有所好转,而且人人都知道是谁采取了救市行动。银行家们同时显示了他们的勇气和实力,而公众则表示了热烈、慷慨的欢迎。据《纽约时报》报道,金融界现在“因获悉美国最有实力的银行有意联袂采取措施预防(恐慌)卷土重来而感到放心”。结果,市场上出现的焦虑情绪“平息了下来”。

有那么多的人关心美国的经济前景,并且在经历了星期四灾难后的两天里能够看好经济走势,这可以说是空前绝后的事。乐观中甚至包含着自鸣得意的成分。驻守在克利夫兰的艾尔斯(Ayres)上校坚信,没有一个国家能够如此成功地摆脱那么严重的股市崩盘。另有人指出,商业前景看好,股市崩盘丝毫不会影响商业走势。没人知道,而且也不会有人太经常地强调:有效的咒语既没有必要也不可能知道。

伊利诺伊大陆银行(Continental Illinois Bank)总裁尤金·M.史蒂文斯(Eugene M. Stevens)曾经说过:“在商业中,任何因素都无法解释神经过敏的原因。”沃尔特·蒂格尔(Walter Teagle)指出,石油业没有发生能够证明人们担心的理由的“基本面变化”。查尔斯·M. 施瓦布(Charles M. Schwab)认为,钢铁业出现了“基本好转”,变得更加稳定,并且补充说,这种“良好的基本面状况”应该会对钢铁工业的繁荣产生积极的影响。鲍德温机车工程公司(Baldwin Locomotive Works)董事长萨缪尔·沃克莱恩(Samuel Vaukelain)宣称,“基本面良好”。胡佛总统发表讲话说,“全国的基本商情,不论是商品生产还是销售,都处于健康和繁荣的基础上”。胡佛总统拒绝就股市(如当时股票便宜)发表更加具体的看法。[7]

其他很多人都纷纷发表了自己的观点。煤气与电力联合公司(Associated Gas and Electric)总裁霍华德·C. 霍普森(Howard C. Hopson)忽视了基本面的参考指标,并且认为“取缔投机者的冒险行为无疑有利于全国工商业的利益”。(霍普森先生自己也是一个投机者,尽管他从事的是结果更有把握的投机生意,但同样也应该予以取缔。)一家波士顿投资信托公司在《华尔街日报》用很大的篇幅刊登了“S-T-E-A-D-Y Everybody! (诸位,请保持镇静!)冷静地思考才是适当的行为。请注意美国最大几家银行总裁的讲话”。这个不和谐的音符，虽然是一个重要的不祥征兆，但没有引起重视。富兰克林·D. 罗斯福州长在波基普西（美国纽约州东南部城市。——译者注）发表讲话时批评了"投机狂热"。

星期天，有人发表长篇演讲指出，美国受到了神圣的惩罚，并不完全冤枉。美国人的脑子里只想着发财，忘记了精神的价值。现在，他们受到了惩罚。

几乎人人都以为这次沉痛的教训已经过去，现在真的又能够恢复投机活动了。对下个星期股市走势的预测充斥各家报纸。

普遍的观点是，股票价格将再一次变得偏低。因此，会有人迫不及待地大肆补仓。经纪公司传出了许多传闻，其中的某些传闻还颇有启示意义：在股市开盘之前，已经堆积了大量的买单。星期一，通过报纸发起的联合广告行动中，各证券公司表达了希望迅速恢复交易能力的强烈愿望。有一家证券公司说道："我们相信，在这个时候，有鉴别地（这始终是谨慎投资的一个条件）买进证券的投资者满可以极有信心地这么做。"星期一，灾难真正开始了。

注释

[1]Thomas Wilson, *Fluctuations in Income and Employment*, p.143.

[2]哈特立表示服罪，并于1930年初被判处长期监禁。

[3]Edwin Lefevre, "The Little Fellow in Wall Street," *The Saturday Evening Post*, January 4, 1930.

[4]出资金额，或者说，承诺的出资金额从来没有明确过。弗雷德里克·刘易斯·艾伦（Frederick Lewis Allen, (*Only Yesterday*, pp.329－330)声称，由每家与会公司或银行，以及后来加盟的第一国民银行小乔治·F. 贝克

(George F. Baker, Jr.)各出资 4 000 万美元。这笔总额 2.4 亿美元的资金数额太大,在当时不太可能。《纽约时报》(*New York Times*, March 9, 1938)随后报道说,它们总共才出资 2 000 万~3 000万美元。

[5]同前,p.330。

[6]当时,股票报价在正常情况下四舍五入到整数,钢铁股报价好像是一个特例。

[7]这一点参见 Garet Garrett in *The Saturday Evening Post* (December 28, 1929),并且在胡佛先生的回忆录中得到了普遍确认。据加勒特先生所讲,银行家组成的银团要求总统发表讲话,表示像救市这样的安抚行动组织得相当不错。

6

事态更加严峻

一

1929 年秋天，当时那种组织结构的纽约证券交易所已经问世 112 年。自成立以来，纽约证券交易所已经历过多个艰难时刻。1873 年 9 月 18 日，杰伊·库克证券公司(Jay Cooke and Company)破产倒闭，结果在接下来的几个星期里直接或间接殃及另外 57 家证券公司。1907 年 10 月 23 日，活期借款利率在这一年的恐慌气氛中上涨到了 125%。1920 年 9 月 16 日(秋季是华尔街的淡季)，一枚炸弹在摩根公司隔壁门前爆炸，造成 30 人死亡，100 多人受伤。

以往这些麻烦的共同特点就是事情发生以后不久就宣告结束了。最严重的麻烦也都没有留下长期的后遗症。而 1929 年股市大崩盘一个与众不同的特点就是持续时间长，事态不断恶化；前一天看上去像是要结束了，但到了第二天才被证明是刚刚开始。因此，既无法确切估计它所造成的最严重损害，也没法保证可以尽量避免普遍性灾难。那些侥幸借到资金把第一张保证金催缴单应付过去的投机商接下来又得设法解决第二张催缴单；即使能把第二张应付过去，第三张、第四张催缴单还会接踵而至。到头来，投机者们会把所有的资金都赔进股市。那些财力雄厚、在股市大跌之前就安全脱身的投机者，自然会集结力量，伺机杀回股市。(10 月 24 日，不但卖盘创纪录地达到了1 289.465 万股，而且买盘也丝毫不差地达到了这个数额。)再以后，投机者们持币观望，交易量大大缩小。就连那些整个 10 月和 11 月期间都在持币观望的投资者，当他们发现交易量趋于正常、华尔街重又恢复平静的时候，也重新买股建仓。结果，他们手中的股票到了两年以后其价格只相当于购买时的 1/3 或 1/4。柯立芝执政时期的牛市真是不寻常的现象，它的冷酷无情也同样具有其不寻常之处。

二

10 月 28 日，星期一，是股市反复出现大起大落行情的第一天，也是另一个可怕的日子。当天，股票交易放出了巨量，尽管成交量低于上星期四——两者分别是 925 万股和接近 1 300 万股，但损失却要严重得多。《纽约时报》工业股平均指数当天下跌了 49 点。通用电气下跌了 49 美元；威斯汀豪斯下跌了 34 美元；美国电话电报公司下跌了34美元;美国钢铁公司下跌了18美元。确实,这一天的跌幅大于上周发生大恐慌的整个星期。自动报价机所显示的行情又一次严重滞后,没有人知道发生了什么事,从而导致了严重的后果。

这一天,股市一路下跌。下午1:10,有人看见查尔斯·E.米切尔去了摩根公司,自动报价机显示出不可思议的行情。美国钢铁重整旗鼓,从194美元上攻到了198美元,不过,理查德·惠特尼没有出现。根据后来获悉的消息,米切尔很可能动用了一笔私人贷款。市场变得更加疲软,在收盘前的一个小时里,股价迅速下跌,换手股票达到了不寻常的300万股——可谓空前绝后。

下午4:30,银行家们又一次在摩根公司举行会议,会议一直持续到晚上6:30。据说,与会的银行家们态度乐观地向媒体披露,形势仍"保留着令人鼓舞的特征",尽管他们没有做具体交代。不过,他们在会后发表的声明明确披露了持续2小时的会议所讨论的问题。声明说,银行家举行会议的目的并非要把股价维持在某一水平,以及保证每一个投资者获得一定的利润,而是维护市场有序运行,并保证股市能使卖盘和买盘在某一价位上成交。银行家关心的是不让拉蒙特先生所说的"气泡"出现。

许多像拉蒙特先生和他的同事们那样实力较弱的投资者突然发现,在这个行情一路下跌的市场上已经无法履行自己的义务。他们终于陷入了无法履约的境地。无论是有组织的支持,还是其他什么形式的支持,都已经无法对付压倒一切的病态的抛盘心理。银行家们在这次会议上商讨了如何在不打扰公众的前提下履行救市承诺的问题。

他们开出了一张冷处理的处方。星期四，惠特尼主张维持股价，保护利润，或至少制止亏损。这也是广大投资者梦寐以求的。对于以保证金交易方式购股持仓的投资者来说，灾难是单面性的，就是股价下跌。而现在，股价看来要一路下跌。投机者们的唯一安慰就是他们的破产程序能够以一种有序、适当的方式进行。

当时还没有实行反诉的做法，我们在政治生活中支持极端的言论。那些善于耍弄欺骗伎俩的人即便不总能成为风云人物，也注定会出名。在商界，情况就截然不同，我们令人吃惊地讲究文雅和宽容。至少出于对公众的考虑，为了他们的面子而提出一些荒谬的要求或做出一些荒谬的申辩。28 日晚上，当听说纽约最有实力的银行准备采取措施防止恐慌卷土重来的消息时，再也没有人会有安全感了。市场再次表明非人力因素超过了任何人的控制能力。一旦人们这样看待市场，那么其后果令人恐怖。但就是没人出来指责银行家们看着有人无力履约而见死不救。第二天，居然还有那么些人在谈论市场将得到有组织的支持问题。

三

10 月 29 日，星期二，是纽约证券交易所问世以来最具灾难性的一天，并且有可能是证券交易所历史上最具灾难性的一天。这一天汇集了在这之前所有糟糕交易日的全部糟糕特征。成交量远远大于黑色星期四，股价跌幅几乎与星期一持平，不确定性和恐慌程度相当于黑色星期四和星期一。

股市一开盘,就开始出现大量抛盘。单宗卖盘的数额到了不能再大的地步。在开盘后头半个小时里,交易额已经达到了相当于日交易量3 300万股的规模。银行家们召开会议决定压缩的“气泡”变得很大。许多股票重复出现只有卖单,而根本没有买家接盘的状况,怀特缝纫机公司(White Sewing Machine Company)的股票上几个月曾涨到过48美元的高位,28日报收于11美元。据弗雷德里克·刘易斯·艾伦介绍,纽约证券交易所有一个聪明的信使,他突发奇想,决定下单以每股1美元的价格吃进一批股票,结果,由于没有其他买单,他居然做成了这笔交易。[1]当然,自动报价机显示的行情再次大大滞后于实际行情,截至收盘时,两者相差了两个半小时。这天,纽约证券交易所有记录的成交量达到了1 641.003万股,肯定还有没有记录在案的交易,这是通常认为的巨大日交易量的3倍多。《纽约时报》工业股平均指数又下跌了43点,已经抹光了12个月来实现的巨大涨幅。

由于股市在收盘时没有出现反弹,因此这一天的下跌行情预示着更糟糕的走势。星期四惠特尼出价205美元买进的美国钢铁公司股票,在这一天里曾跌到了167美元,尽管收盘时回升到了174美元。美国罐头公司股票以130美元开盘,曾跌至110美元,后又回升到了120美元。威斯汀豪斯的股票以131美元开盘(9月3日,该股报收于286美元),后来跌到了100美元,最终又回升到了126美元。但是,在这可怕的一天里,最糟糕的事情发生在了投资信托身上。投资信托岂止是价格下跌,而且有明显的迹象表明它们有可能变得一钱不值。高盛贸易公司的投资信托头天下午报收于60美元,这一天跌到了35美元,并以这个价格收盘,跌幅几乎达到50%。蓝脊公司的子公司和孙公司曾经采用过杠杆发行的魔法,现在由于杠杆产生了反向作用,因此股价跌得更惨。9月初,蓝脊公司股票的卖出价是24美元,到了10月24日已经跌到了12美元,不过接下来的两天还比较抗跌。但是,29日上午,该股以10美元开盘,一路迅速下跌到了3美元,一下子跌掉了2/3以上,后来有所回升。其他投资信托的价格跌得更惨,而且根本就是有行无市,没有买家接盘。

华尔街最糟糕的一天终于结束了。这天夜里,华尔街又是灯火通明,度过了一个不眠之夜。纽约证券交易所的会员公司及其员工,以及证券交易所的员工现在已是身心交瘁,达到了忍耐的极限。他们就是在这样的身心状态下完成记录和处理有史以来最大的日交易量的。所有这一切是在事先毫无"事态会有所改观的保证"的情况下发生的,因此事态有可能还会进一步恶化。一家证券公司有一名员工因劳累过度而晕了过去,醒来后仍继续工作。

四

在股市崩盘的第一个星期里,遭遇"屠杀"的是无知的新手;而在第二个星期里,显然有许多经验老到、财力雄厚的老将也受制于这个在规模和突然性方面堪与10多年前列宁(Lenin)发动的那场革命媲美的杠杆化过程。股票交易批量的规模表明大投机商在抛盘或者已经开始抛盘。其他迹象来自于证券交易所的交易大厅。一个星期以前,全美各证券交易所的交易大厅门庭若市,如今却几乎门可罗雀。

不过,现在陷入困境的投资者倒可以独自默默地忍受。

29日,银行家们又召开了两次会议,中午和晚上各一次。这一天,没有迹象表明他们仍然保持着乐观的态度。这一点几乎没人察觉,因为这天纽约证券交易所里流传着一条骇人听闻的消息:至此始终主张稳定股市的银行家们现在决定抛售股票!银行家们的声誉甚至比股价跌得还要快。晚上的银行家会议结束以后,拉蒙特先生接受了媒体的采访,其任务就是澄清或者否认他们已经在"清仓出货"——或者说,参与了"捕熊"行动。在对白天的市场表现发表了略显冗余的看法,并再次解释银行家们的目的不是把股价维持在某一特定水平以后,拉蒙特先生肯定地说:"与会的银行家们坚持并将继续采取合作的方式支持股市,而不会扮演抛盘者的角色。"事实上,就如后来的消息所显示的那样,大通银行的艾伯特·H. 威金此时已私下里抛售股票,而且数额已达数百万之巨。联袂护盘行动即使会取得成功,也要付出沉重的代价,因此威金必然处于一种值得关注的矛盾心理状态。

有组织的护盘行动因此而宣告结束。这个词语在接下来的几天里仍然反复出现,不过没人再对它抱任何希望。在10月24日～29日的5天里,很少有人像纽约银行家们那样快速地蒙受损失。10月24日股市崩盘,对于公司和外地银行来说是一个信号,导致利率上涨10%以上,并且促使它们从华尔街撤回自己的资金。10月23日～29日,由于股价下跌,保证金账户被清算,因此经纪人贷款减少了10亿多美元。不过,公司和外地银行对来自纽约的可怕消息及时做出了反应,尽管它们的资金从未真正遭遇危险,但还是撤回了2亿多美元。各家纽约银行轻而易举地弥补了这些长期追随它们的金融家们留下的缺口,并且在发生股市危机的第一个星期里大约增发了10亿美元的贷款。这是一个大胆的举措。纽约的各家银行屈从于普遍的恐慌,资金恐慌再加上其他灾难。股票低价倾销,因为它们的持有人无论以什么代价都借不到资金以继续持有它们。防止资金荒,对于股票持有人来说,可是一项巨大的成就,他们理应表示感激。但是,银行得不到信贷,人们只记得它们勇敢地着手阻止股价下跌,但没有取得成功。

尽管这是一种取悦于人的假设,但人们很容易屈从于权力。当然没有理由认为,在大银行家们大权在握的时候,人们会对他们的权力感到愤懑不已。但是,正如从尤利乌斯·恺撒(Julius Caesar,公元前101～公元前44年,罗马将军、皇帝、政治家和历史学家。——译者注)到贝尼托·墨索里尼等众多暴君的亡灵所证明的那样,人们从不怜悯那些曾经拥有权力而后又丧失权力或被赶下台的人。对他们过去的傲慢的憎恨与对眼下的软弱的蔑视会交织在一起,受害者或者他们的亡灵因此而注定要忍受各种各样的羞辱。

银行家们也逃避不了这样的命运。在以后的10年里,他们成了国会委员会、法院、媒体和喜剧演员们的攻击对象。那几天的自命不凡和惨痛失败便是其中的原因之一。一名银行家未必受人欢迎。确实,在健康发展的资本主义社会里,一名优秀的银行家很可能不讨人喜欢。人们不愿把自己的钱托付给随和热情的人,而宁愿将它托付给能够拒绝别人、不愿与别人来往的人。不过,银行家看上去必须不像是没有出息、效率低下或者愚蠢的人,相反,就应该像1907年的摩根那样严厉、无情，正如他的继任者在 1929 年貌似或被认为的那样。

纽约银行家们的失败，并没有导致民众完全失去实际上的领袖，他们还有詹姆士·约翰·沃克(James J. Walker，1881～1946 年，美国政治家，于 1926～1932 年任纽约市长，后因其政府腐败事件被曝光而被迫辞职。——译者注)市长为他们做主。那个星期二，他出席了一个电影展参展商会议，他呼吁参展商们"用电影来恢复人们的勇气，并点燃他们心中的希望"。

五

纽约证券交易所本身也强烈地感觉到，恢复投资者的勇气并重新唤起他们的希望的最好办法就是股市休市一段时间。事实上，几天来，这种感觉正变得更加强烈，而且现在又得到了大家极度需要睡眠这样一个简单事实的支持。纽约证券交易所会员公司的员工已经有好几天没有回家了。纽约市区的旅馆人满为患，而金融区里的饭店每天要营业 15～20 小时。员工情绪低落，差错越来越多。星期二，股市收市以后，一名证券经纪人发现了废纸篓里有一大堆没有执行的委托单，原来是他早些时候放在一旁，后来把它们给彻底忘了。[2]有一个客户，虽然其保证金账户的金额没有变化，但股票却已经卖出了两回。许多证券公司需要时间审核自己是否还具备清偿能力。事实上，纽约证券交易所会员公司的不履约情况并不严重，尽管有家公司因一名员工疲劳过度出现笔误而递交了破产申请报告。[3]

然而，关闭纽约证券交易所可是一个严重的问题。这在某种程度上可能意味着股票失去了其全部价值,后果将不堪设想。证券就立即变成被冻结的资产,这样一来对于完全有清偿能力的投资者来说,就很难拿手中持有的证券进行变现,或者拿它们作抵押。而且,迟早会出现地下市场,人们私下把股票卖给越来越少仍愿意购买股票的买家。

1929 年,纽约证券交易所原则上由其会员管理。除了关于开展业务和预防欺诈的总章程以外,纽约证券交易所还受一些不太重要的州或联邦法规的约束。这意味着,纽约证券交易所在很大程度上实行自治。管制交易活动的法规必须接受审查并予以贯彻。股票上市必须经过审批,交易所大楼和其他设施必须有人管理。就如同美国国会,纽约证券交易所的管理采取委员会的形式(各委员会又由人数略少的会员小组领导)。关闭交易所的决定须由交易所管理委员会做出,该委员会由 40 名委员组成。交易所管理委员会举行会议这一消息本身,几乎肯定会对股市产生不利的影响。

尽管如此,29 日星期二中午,纽约证券交易所管理委员会还是举行了会议。管理委员会成员离开了他们位于二楼和三楼的办公室,没有去平时的会议室,而是来到位于交易大厅下面的股票结算公司总裁办公室。几个月以后,代理会长惠特尼极其详尽生动地描述了这次会议。“他们举行会议的办公室从来没有召开过这种性质的大型会议,结果大多数与会者不得不站着或坐在桌子上参加会议。随着会议的进行,楼上交易大厅里的恐慌气氛越来越浓。最新股价每隔几分钟公布一次,股价迅速一路下滑。与会者不停地抽烟,每支烟点燃后猛抽两三口就被揿灭了,然后又点燃另一支烟,他们的抽烟方式足以反映他们当时的心情。不一会儿工夫,狭窄的办公室里烟雾缭绕,令人窒息。”

紧急商议的结果就是晚上再举行会议继续讨论。到了晚上,股市早已出现小幅反弹。于是,管理委员会会议决定股市继续开市一天,看情况再定。第二天,由于偶然想到了一个更理想的方案,股市继续开张。不过,接下来几天正好是节日,于是可以缩短开市时间。公布这项决定的时候,股市似乎还相当坚挺,足以承受这项决定。

有很多人仍然希望交易所休市。惠特尼后来说,尽管肯定有点夸张,“纽约证券交易所当局把一些猎物的生命(最终)延续到了大家都希望不关闭交易所为止”。

六

第二天,所有这些因素正是在救市无望的关键时刻发挥了拯救股市的作用。虽然成交量仍然巨大,但股价却出人意料、奇迹般地止跌回升。《纽约时报》工业股平均指数当天上涨了 31 点,从而弥补了很大一部分头天出现的缺口。股市反弹的原因,谁也说不清楚。“有组织的支持”已经没人相信,“有组织的安抚”还稍微可信一点。29日晚,美国商务部副部长、胡佛总统的朋友、官方经济观点的资深鼓吹者朱利叶斯・克莱茵(Julius Klein)通过电台提醒全国人民说,胡佛总统曾经说过“国家的经济状况基本健康”。他又用坚定的口吻补充说,“我想着重强调的一点,就是大部分经济活动是基本健康的”。星期三,高盛公司的沃迪尔・卡钦斯(Waddile Catchings)从西部旅行回来宣布,总体经济形势“毫无疑问是基本健康的”(尽管当时同样的话不可能肯定出自高盛公司每一个高层领导人之口)。阿瑟·布里斯班对赫斯特(指威廉·伦道夫·赫斯特,William Randolph Hearst,1863～1951年,美国报刊出版商。——译者注)的读者发表讲话说:“如果你蒙受了损失,就想想生活在贝利峰(Mount Pelee)附近那些被迫背井离乡的人们聊以自慰吧!”

最重要的因素也许是波坎迪克·希尔斯(Pocantico Hills)在数十年以后发现的约翰·D. 洛克菲勒(John D. Rockefeller,1839～1937年,美国石油大王。——译者注)的首次公开讲话。据资料记载,这是一次有感而发的讲话。华尔街有人(也许是某些知道再次请求胡佛总统就股市说些鼓舞人心的话并不会有什么用处的人)可能明白,洛克菲勒的讲话如果有什么不同的话,那就是影响更大。这次讲话的大意是:“我和我的儿子相信国家的基本经济形势是健康的……所以这几天买进了一些健康的普通股。”洛克菲勒的讲话广受赞许,尽管自诩为喜剧演员、作家、统计学家和受害者的埃迪·康托尔(Eddie Cantor,1892～1964年,美国喜剧演员。——译者注)后来说道:“当然,别人谁还会有闲钱呢?”[4]

华尔街对星期三奇迹的解释是前天发布的分配红利的消息(而不是什么恢复信心),而且这一点受到了广泛的认同。发布这条消息同样也是有一定组织的。美国钢铁公司公布了分配特别红利的方案。美国罐头公司不但宣布了分配普通股利的消息,而且还公布了分配特别红利的方案。这几缕飘浮不定的阳光在下曼哈顿这个被黑暗笼罩的“深山峡谷”里深受欢迎。

在洛克菲勒的讲话传到华尔街以前，纽约证券交易所已经出现了相当不错的转机，以至于理查德·惠特尼能够有把握地宣布在次日（星期四）中午以前股市不会开张，星期五和星期六仍然休市。“神经过敏”明显已经度过了危机期。在芝加哥的交易大厅附近，一个男孩放起了鞭炮。“有人因保证金交易账户被冻结来轰炸交易大厅”的传闻，就像熊熊烈火那样势不可挡。好几辆警车呼啸而至，前来捉拿歹徒，要他们赔偿损失。在纽约，一名佣金商的尸体从哈德逊河被捞上了岸。从他的衣服口袋里发现了9.40美元的零钱和几张保证金催缴单。

七

10月31日，星期四，纽约证券交易所开市3个小时，成交量超过700万股，而且股市又收复了一些失地。《纽约时报》工业股平均指数上涨了21点。纽约联邦储备银行的周报显示，经纪人贷款减少了10亿多美元，是公开宣布的最大周降幅。保证金比例规定也已经下降到了25%。现在，各联邦储备银行已经把再贴现利率从6%降低到了5%，同时通过公开市场业务大量购进债券，降低贷款利率，并且放开信贷供给。高涨的股市已经开始暴跌，先前盼望的抑制措施现在可以让位于刺激市场的宽松政策。在充满吉祥征兆的时候，星期五、星期六和星期日，股市休市3天。说是休市，其实业内人士根本就没有休息。证券经纪公司天天全员上班，交易所大厅也为纠正无数误解和错误而对外开放。值得一提的是，星期五，在观光廊里参观交易大厅的游客绝不会认为交易所休市。

周末传来了一个不利的消息。星期六公布了明尼阿波利斯福谢(Foshay)企业2 000万美元的破产案。福谢大约在美国12个州,以及加拿大、墨西哥和中美洲一些国家拥有公用事业公司,还在其他地方购买了旅馆、面粉厂、银行、制造和零售企业。“32个传说”方尖塔——该公司的标志性建筑物——依然巍巍矗立在明尼伯利斯的地平线上。8月,国防部长詹姆士·W. 古德(James W. Good)刚刚主持了隆重的剪彩仪式(古德部长把它比喻为“美国西北部的华盛顿纪念碑”。)[5]福谢几乎出于纯技术的考虑,选在这个节日似的喜庆时刻宣布破产。其生存取决于其继续向公众推销股票的能力,股市崩盘切断了其收入来源,迫使其只能依靠企业的微薄收入度日。

其他方面都传来了利好消息。通用汽车公司总裁小阿尔弗雷德·P. 斯隆(Alfred P. Sloan, Jr.)发表讲话说:“经济是健康的。”福特汽车公司通过宣布普遍降价来强调相同的信念:“……我们觉得此举是我们为继续保持良好的商业发展势头做出的最好贡献。”“流浪者”的车价由450美元降到了435美元;“热带鸟”的车价从460美元下降到了440美元;“都铎”轿车由525美元下降到了500美元。在纽约证券交易所休市的3天里,各家报纸报道了买单纷至沓来的传闻。而且,从某种程度上说,这些传闻比上个星期更加可信。股市毕竟是在连续两天表现极好的反弹以后才休市的。《巴伦商业与金融周刊》指出,现在可以相信,股票将“消除希望和虚构因素以后”重新开市交易。星期一,国民商业银行信托公司(Commercial National Bank and Trust Company)在《纽约时报》上以5栏的篇幅刊登广告

“……我们坚信我国工商业的基本状况大体健康,并且基本没有受到削弱”。

这一天,股市一开盘就出现骇人听闻的暴跌行情。

八

整个周末,几乎可以肯定金融界在为他们自发组织的努力收到了效果而沾沾自喜。各家报纸把华尔街业内人士对星期一股市表现的反应描绘成犹如当头挨了一棒,表示困惑和震惊。当天的成交量小于上星期,但仍在 600 万股以上。大盘疲软,有些个股失地严重;《纽约时报》工业股平均指数当天下挫了 22 点。除上星期以外,与其他任何时候相比,这都是非常大的跌幅。如果拿当天投资者们满怀的希望来衡量,那么股市的表现非常令人伤心。

对此的解释众说纷纭。有传闻说,“有组织的支持”其实就是抛盘,而拉蒙特先生在接受媒体采访时为这个现在已经结束的故事添加了一个脚注。他对媒体说,他并不知道“有组织的支持其实并没有组织好”。最可信的解释应该是:业内人士欢欣鼓舞,但公众除外。就如同在这之前和在这以后一样,这个周末是一个思考的机会。经过思考,人们做出了悲观的预期和抛盘的决定。因此,就像另一个星期一一样,无论表面征兆多么令人鼓舞,都不会妨碍卖单的蜂拥而至。

种种迹象表明,一度被视为股价高位支撑和防跌内置机制的投资信托,如今成了股市疲软的根源。就在两个星期以前,人们那么在行甚至亲切地谈论杠杆效应,现在正好截然相反,人人谈“杠杆效应”色变。杠杆效应,曾经以令人瞩目的速度提升投资信托普通股的价值。像前面一样,我们来考察一个典型的小型投资信托。假设这个投资信托拥有公众手中持有的10月初市值为1 000万美元的证券,其中一半是普通股,另一半是债券和优先股。这些证券全部由公众持有的证券的现值来支撑。换句话说,投资信托的资产组合包括市值同为1 000万美元的证券。

一个这样的投资信托所拥有的具有代表性的证券组合,到了11月初,其市值可能已经减半。(其中的许多证券,按照后来的标准衡量,其价值仍然相当可观。11月4日,美国电话电报公司股票的最低价仍有233美元,通用电气公司是234美元,而美国钢铁公司是183美元。)投资信托证券组合的新价值是500万美元,只相当于先前债券和优先股的价值,它的普通股已经变得一文不值。除了令人不快的预期之外,这些普通股现在已经毫无价值。

这种几何级数效应的无情性并非是特例,而是处处对杠杆化投资信托股票产生作用。到了11月初,大多数投资信托的股票实际上已经卖不出去。更糟糕的是,许多投资信托的股票被拿到场外市场上交易,那里市场小、买家少。

从来没有什么时候像那几天一样,那么多的人那样急需那么多的资金。“被市场追逐”说的就是“债务人被其债权人像蝗虫一样追逐”。许多人因遇到了应付保证金催缴单的麻烦,都急着抛售手中持有的部分股票,以便能继续持有其余的股票,然后伺机翻本。但现在,这些人发现,他们手中的投资信托证券不可能卖出好价钱,而且多半已经分文不值。结果，他们被迫将自己手中还能变卖的证券变卖成现钱。因此，像美国钢铁公司、通用汽车公司和美国电话电报公司这样一流公司的股票以不正常的数量在市场上倾销，对股价产生了前面已经充分体现的影响。投资信托的火暴行情已经结束，并且印证了"劣币驱逐良币"的格雷欣法则：劣股把良股逐出了股市。

投资信托巨额现金资源的稳定作用同样证明了一个奇迹。这年初秋，投资信托公司持有大量的现金和流动资金。许多投资信托被短期拆借市场可观的回报率所吸引。(投机循环已经结束。做投资信托股票投机生意的人实际上是投资于为他们提供资金进行投机的公司。)而今，由于反杠杆效应产生了作用，因此投资信托公司的管理层更关心的是投资信托的股票价格，而不是大盘的走势。投资信托公司之间互相大量投资。结果，蓝脊公司股价下跌波及申南多阿公司的股价，而由此导致的申南多阿公司股价暴跌，其结果对于高盛贸易公司来说甚至更加可怕。

在这种情况下，许多投资信托公司动用自己可支配的全部现金，不顾一切地支持自己的股票。但是，在公众大肆抛售的时候接盘买进一只股票，与去年春天公众急于购买股票的时候买进(就像高盛贸易公司所做的那样)，两者相去甚远。去年春天，公众拼命购进股票，竞相哄抬股价。现在，现金流出股市，而股票滞留在市场。虽然股价暂时还没有受到明显的影响，但这种情况不可能持续很久。6个月以前还是漂亮的理财策略，现在已经成为某种形式的财务自杀。一家公司购买自己的股票，毕竟正好与发售股票相对立，而公司通常得依靠发售股票来实现成长。

不过,这种事情绝不可能立竿见影。如果某人是个金融天才,那么对他有天才的信心也不会一时半刻就消失。对于被打垮但没有屈服的天才来说,支持自家公司的股票仍然是一项大胆、有效和富有想象力的事业,但实际上这仅仅是一种延缓死亡而不能逃避死亡的替代方案。因此,在现金资源允许的情况下,投资信托公司的管理层当然会选择见效更快但同样是必死无疑的方法。他们购进自己的已经一钱不值的股票。人们常常被别人欺骗,而 1929 年秋天也许是人们破天荒第一次成功地大肆欺骗自己。

现在,我们应该把这次危机最后几天的经过交代完整。

九

11 月 5 日,星期四,是州长选举日,股市全天休市。在纽约州长竞选中,民主党现任州长詹姆士 · J. 沃尔克以压倒多数的选票击败了共和党候选人费奥利洛 · 亨利 · 拉瓜迪亚(F. H. La Guardia, 1882～1947 年,美国政治家,1934～1945 年期间担任纽约市长。——译者注)。巴布森在一份声明中呼吁人们要保持镇静和理性的勇气,并具有识别能力和传统的判断力。星期三,股市重新开市,这是又一轮半市的第一天。这也是上星期讨论是否要关闭股市问题的妥协结果。当天,虽然只开市 3 个小时,但成交量接近 600 万股,全天交易量相当于1 000万股。股市再次出现了令人发疯的滑坡。美国钢铁公司的股票以 181 美元开盘,经过一家报纸所说的“一路狂跌”以后,报收于 165 美元。奥本汽车下跌了 66 美元,奥的斯电梯下跌了45美元。《纽约时报》工业股平均指数当天下跌了37点，比8天前那个可怕的星期四只少跌了6点。可是，工业股平均指数何时能够探底？

市场外又传来了揪心的消息。基本面似乎也在恶化。与上一年同期相比，这个星期的汽车装车量严重下降，钢铁价格明显低于上个星期。更严重的是，衰退已经影响到了大宗商品市场。前几天，商品市场已经随股市做出相同的反应；而这个星期三，大宗商品市场自己也出了毛病，与几个星期来的巨大交易量相比，棉花成交量锐减。当中午小麦价格直线下跌的时候，有人称小麦市场出现了"恐慌"。

星期四，股市一路走高，但星期五又出现小幅回落。接着，投资者又有一个周末可用来思考。这个周末，没有传出买单蜂拥而至的消息。事实上，几乎没有这方面的利好消息。11月11日，星期一，股市又出现了急剧下挫的行情。接下来的两个交易日，成交量巨大——交易所仍然每天开市3小时，股价继续下滑。在11月11日～13日的三天里，《纽约时报》工业股平均指数又下跌了50点。

在股市崩盘的日子里，这几天无疑是最阴暗的。"有组织的支持"失败了。眼下，即使是"有组织的安抚"也已经放弃。凡是能够"有组织"进行的行动都成了具有讽刺意味的幽默。值得一提的是，西部联盟(Western Union)在这个星期发出的保证金催缴单上都附有这样一条短信息：在美国人的节日里，请别以美国人的方式把催缴单和感恩节的祝贺电报忘在了家里。据说，纽约市区旅馆的服务台接待人员甚至会询问前来住店的客人，他们开房间是想住宿还是想跳楼。有两个男士手挽着手从里兹大饭店高层的窗户跳楼自杀。他俩合开了一个银行账户。《华尔街日报》现在简直就是《圣经》，告诉它的读者说："真的，我说，就让市场的恐怖成为生活的法则，并且按照债券承销商的话来遵守。"《纽约时报》的财经版编辑现在终于因股市崩溃而露出了心满意足甚或得意忘形的表情，并且说道："在这一代人中间很可能没有人能够再谈论……什么'健康反应'。许多迹象表明这个词组已经完全过时。"

注释

[1]*Only Yesterday*, p.333.

[2]Allen, *op.cit.*, p.334.

[3]*The Work of the Stock Exchange in the Panic of 1929*，理查德·惠特尼在波士顿证券交易所会员公司协会会议上的讲话(Boston:June 10,1930, pp.16,17)。后面，惠特尼关于10月29日事件及此后的讲话都出自同一来源。

[4]*Caught Short! A Saga of Wailing Wall Street*(New York:Simon and Schuster,1929 A.C.[After Crash],p.31).

[5]*Investment News*, October 16,1929,p.538.

7

后果(一)

一

黑色星期四以后的一个星期左右,伦敦的大众报刊幸灾乐祸地谈论着纽约城里的各种情景。投机者从高楼窗口往下跳,行人灵巧地在坠楼身亡的金融家的尸体之间穿行。《经济学家》的驻美记者愤怒地为该报撰写了一篇专栏文章,以抗议这种凭空想象的捏造。

在美国,紧随股市崩盘而来的自杀浪潮同样是1929年传说的一个组成部分。事实上,根本就没有那回事。1929年前的几年里,美国的自杀率就一直在逐年上升,1929年仍继续上涨,而在1930、1931和1932这三年——除了股市以外,还有其他许多问题导致人们认定生命不再值得留恋——里,自杀率进一步加速上升。有关纽约人(由于纽约人特别接近股市,因此被认为具有特别的自毁倾向)的统计数据显示,纽约的自杀率只是略高于全美平均自杀率。由于自杀的谣言被传得那样神乎其神,因此有必要列举有关的详细数据来澄清事实(如表 7.1 所示)。

表 7.1　　1925～1934 年每 10 万人口中的自杀人数

年　份	登记区域*	纽约城	年　份	登记区域*	纽约城
1925	12.1	14.4	1930	15.7	18.7
1926	12.8	13.7	1931	16.8	19.7
1927	13.3	15.7	1932	17.4	21.3
1928	13.6	15.7	1933	15.9	18.5
1929	14.0	17.0	1934	14.9	17.0

* 登记区域是指按规定报告死因的美国大部分地区。

数据来源于 *Vital Statistics*:*Special Reports*,1—45,1935(Washington:Department of Commerce,Bureau of the Census,1937)。

1929 年下半年股市崩盘以后,自杀人数从 10 月底开始有较明显的增加,但还不足以影响 1929 年全年的统计数字。不过,我们也找到了 1929 年的月度死因统计数据。[1] 月度死因统计数据显示,10 月和 11 月的自杀人数相对较少:10 月,全美自杀人数为 1 331 人,11 月 1 344 人。只有在 1 月、2 月和 9 月这三个月里自杀人数较少。在夏季的几个月里,股市表现极佳,而自杀人数显著增加。

我们只能猜测杜撰自杀谣言的原因。如同酗酒者和赌徒一样,破产的投机者也被认为具有自毁倾向。一旦大量的投机者宣告破产,报纸和公众就会进行简单的推理,并得出这样的结论。相反,在其他时候发生自杀事件,我们就会提出这样的问题:“你为什么猜测他是自杀的?”而现在,我们自然会这样推定自杀的动机:“这可怜的家伙一定是因为股市崩盘而想不开。”最后,必须指出的是,无论是发生崩盘的几个月里还是1929年全年,自杀人数都没有急剧增加,但是在大萧条以后的几年里,自杀率有所上升。据称,这样的悲剧有时要到股市崩盘后一两年才会发生。

有重要证据表明,报纸和公众只是利用所发生的这类自杀事件来说明人们会对自己所遭遇的不幸做出适当的反应。只有发生很多与股市崩溃有一定关系的自杀事件,才能够说明问题。在黑色星期四过去后不久,有关暴力自毁的故事就开始经常出现在报端。奇怪的是,虽然另一种谣言传得很厉害,但那几天很少有人采用传统的跳楼方法。有一个自杀未遂者跳入了斯古吉尔河,不过当事人跳入水中以后改变了主意,最后被捞了上来。罗彻斯特煤气电力公司(Rochester Gas and Electric Company)的老板是放煤气自杀的。另一个“殉道者”是自己往身上浇了汽油以后自焚身亡的。他不但顺利逃过了追缴保证金这一劫,而且还拉着自己的妻子当陪葬。J. J. 赖尔顿(J. J. Riordan)的自杀事件也非常轰动。

赖尔顿(Riodan)自杀身亡的消息成了各家报纸11月10日星期天的头条新闻。各家报纸不但意识到赖尔顿之死的新闻性,而且还感觉到了公布这条死讯的方式的传奇性。赖尔顿是一个知名度颇高并深受欢迎的纽约民主党人。他当过沃尔克市长和阿尔·史密斯(Al Smith,1873～1944年,美国政治家,曾在1919～1920年和1923～1928年两度出任纽约市长。——译者注)竞选班子的财务总管。他和史密斯是亲密的朋友和生意上的合伙人。阿尔·史密斯是最近创建的康迪信托公司的董事会成员,而赖尔顿是这家信托公司的总裁。

11 月 8 日,星期五,赖尔顿去自己的银行,从一间出纳室里拿了一把手枪,回到家里便开枪自尽了。阿尔·史密斯得知了朋友的噩耗,而且他的悲痛并没有因为获悉朋友的死讯会在他们的银行里引发一场严重的权力斗争而减弱。法医一直拖到第二天中午(星期六)银行周末停止营业后才签发死亡证明。因朋友轻生而悲痛欲绝的史密斯参加了漫长的守灵仪式。其间,他一只眼睛看着朋友的遗体,另一只眼睛老盯着时钟。

法医最初暗示,他推迟签发死亡证明是出于对康迪信托公司存款人高度负责的责任感。这样做需要高超的决断能力。根据合乎逻辑的推断,任何死亡都必须由主治医生承担它所引起的经济后果。后来,人们私下里都认为最后是由史密斯做出的决断。史密斯因此而名声大振,而人们的焦虑也随之加剧,以至于他的行为本身没有受到怀疑。

在赖尔顿死后的几天里,说他是因股市崩盘而自杀身亡的传闻不断。过后,他的朋友重新集结力量进行辩解。有人坚持认为,赖尔顿从不在股市冒险。而后来参议院的一个调查委员会关于股市的调查表明,他介入股市很深。但是,对他的银行匆匆进行的一项审计显示,这家银行的资金分文未少。这一事实在周末已经传得众所周知。纽约市政府大胆宣布,这家银行的存款完好无损,这有点像是在说这家银行与坦摩尼协会(纽约市一民主党实力派组织,由原先的慈善团体发展而成,因其在 19 世纪犯下的种种劣迹而成为政治腐败的同义词。——译者注)总部保持着对话关系。拉斯克布临时代理了银行的总裁职务,权力斗争没有发展下去。教会做出认定,赖尔顿是一名天主教徒,由于一时神经错乱而自杀身亡,因此有资格安葬在圣地。赖尔顿的荣誉送葬者有阿尔·史密斯、赫伯特·莱曼(Hebert Lehman,1878~1963年,美国金融家、政府官员,曾主持联合国救济与复兴委员会的工作。——译者注)和约翰·J. 拉斯克布;参加赖尔顿葬礼的还有弗莱克·黑格(Frank Hague)州长、文森特·阿斯特(Vincent Astor)、格罗夫·惠伦(Grover Whalen)、詹姆士·A. 法利(James A. Farley,1888~1976年,美国政治家,曾参与策划罗斯福的总统竞选活动。——译者注)以及股市交易员M. J. 米汉(M. J. Meehan)。

两年半以后的1932年3月12日,星期六,当地时间上午11点,伊瓦尔·克鲁伊格在他巴黎的公寓里开枪自杀,离纽约证券交易所收市还有6个小时。在巴黎方面的合作下,克鲁伊格自杀身亡的消息一直被扣到纽约交易所收市后才发布。后来,国会的一个听证委员会对此提出了严厉的批评,而阿尔·史密斯的行为被引证为防卫。关于克鲁伊格自杀案,还应该补充一点,巴黎警察局的安全系统并非无懈可击。有一点完全可以肯定,那天上午,欧洲相关公司大肆抛售(包括大肆卖空)克鲁伊格—托尔公司的股票。[2]

二

在很多方面,股市崩盘对盗用钱财的影响远远要大于其对自杀的影响。对于经济学家来说,盗用他人钱财是一种最值得关注的犯罪行为,各种形式的盗用行为总能钻时间差的空子。在犯罪与被发现之间可能会间隔几个星期、几个月或者几年。(顺便说一下,在这段时间里,盗用他人钱财者得到了实惠,奇怪的是被盗用者又没有觉察到自己的损失,这样就出现了精神福利净增长。)在某一给定时点,全美工商企业和银行未发现的盗用(或许应该称被盗用)钱财总额竟高达好几百万美元,具体因经济周期而异。在景气时期,人们会放松警惕,更加容易轻信,而且手头也比较宽裕。但是,即使大家手头都比较宽裕,也总有人需要更多的钱。万一遇到这种情况,盗用钱财的犯罪率就会上升,发现率下降,而被盗用钱财则会迅速增加。在萧条时期,情况则正好相反,人们用怀疑的目光牢牢盯住自己的钱财。盗用别人钱财的人会被视为窃贼,除非他能够证明自己的清白。审计能及时发现盗用行为,商业道德也会因此而大有好转,而被盗用的钱财则会减少。

股市行情火爆以及随后发生的崩盘导致正常关系的创伤性扭曲。在行情火爆时期,除了满足住房、家庭和消遣方面对钱的正常需要以外,还有新的必须满足的资金需要,如进行投机,或者应付保证金催缴单。人们手头特别宽裕,因此也特别容易轻信。一名相信克鲁伊格、霍普森和英萨尔的银行总裁显然不可能怀疑银行司库、自己的终身朋友。20 世纪 20 年代末,贪污盗用蔚然成风,并且越演越烈。

股市行情火爆加快了贪污盗用罪的增长速度,而股市崩盘又大大提高了发现率。在短短几天之内,近似于绝对的信任一下子变成了近乎绝对的怀疑,于是就下令进行审计,矫揉造作或心不在焉的行为都会引起注意。最重要的是,股票价格暴跌,导致盗用公款进行股票投机的员工无法清仓变现。现在,他们后悔莫及。

在股市崩盘后的大约一个星期里,报纸天天报道职务犯罪案件。职务犯罪的见报频率要远远高于自杀事件。有几天,关于员工贪污或盗用公款的短讯整整占据了《纽约时报》一个栏目的篇幅,甚至还不止。贪污或盗用公款的金额大小不一,但各地都有。

当时最引人注目的盗用公款案——堪与赖尔顿自杀案媲美——发生在密歇根州弗林特市的联合实业银行(Union Industrial Bank)。总涉案金额巨大,并随着调查的深入以惊人的速度增长。这一年晚些时候,据《文学文摘》披露,该案的盗用金额竟然高达359.2万美元。[3]

最初,这起盗用公款案的涉案人员都是各干各的。这家银行的许多职员在互不知情的情况下盗用资金。渐渐地,他们发现了彼此的犯罪行为,由于不可能互相揭发,于是干脆合伙作案。这家银行最终被查处的涉案人员多达十来个,事实上包括银行的全部主要职员。他们组织严密,以至于审计人员刚下榻当地的旅馆,马上就有人向他们通风报信。

被盗用的资金大多是银行贷放给纽约短期拆借市场的存款。资金按时送往纽约,随后立即转回银行,但从账面上看仍然留在纽约。然后,被盗用的资金再一次转回纽约,并且投入股市。1929年春天,这个团伙大约占用了10万美元。后来,不幸的是,正当股市如日中天的时候,他们却大肆做空。等他们回过头来再做多时,正好是股市崩盘前夕,为此他们付出了沉重的代价。不言自明,股市崩盘对他们来说是致命的打击。

整个秋季,他们的处境每况愈下。他们中的大多数人原本只想到股市上冒点小险,赚点小钱,但却深深地陷了进去。后来,他们就成了更加难舍难分的同路人。结果,股市崩盘,股票无情地缩水,最终导致克鲁伊格、霍普森和英萨尔盗用他人资金从事投机的丑闻大白于天下。如果美国经济能够持续充分就业和繁荣,那么审计师们就会觉得证券公司表现良好。萧条的作用之一就是暴露了审计师们没能发现的问题。白芝浩(Bagehot)曾经指出:“每一次严重的危机都暴露了许多在这之前未曾受到怀疑的证券公司的过分投机行为。”[4]

三

1929 年 11 月中旬,股市终于停止了下跌——至少一度停止了下跌。股市于 11 月 13 日星期三触底。那天,《纽约时报》工业股平均指数报收于 224 点,与 9 月 3 日的 452 点相比,跌掉了一半还多;比差不多两个星期以前约翰 · D. 洛克菲勒宣布他和他的儿子买进美国钢铁时的指数又下跌了 82 点,大约跌掉了 1/4。11 月 13 日,又在流传另一个有关洛克菲勒的传闻。据说,洛克菲勒家族下单以每股 50 美元的价格买进了 100 万股新泽西美孚石油公司的股票。在 11 月剩下的几天和 12 月份,股市温和上涨。

股市已经结束了下跌的颓势。不过,颓势的结束碰巧与最后一次安抚行动同时发生。没有人能够肯定地说这次安抚行动没有效果。安抚行动之一就是纽约证券交易所宣布对卖空交易展开调查。当然,前几个星期就有空头抢风、空方大赚一把的传闻。曾经被称为"他们",并且一度支撑股市上涨的善良的投资者,现在成了打压股市、发国难财的恶势力。股市崩盘的最初几天,人们普遍认为,杰西·L. 利维摩尔(Jesse L. Livermore),一个享有卖空盛誉(其中当然也有夸张的成分)的波士顿人,率领一帮人对股市进行了打压。传闻持续不散,以至于向来不在乎公众舆论的利维摩尔也不得不正式发表声明,否认自己曾经参与任何打压行动。"本人只在股市做一些小本买卖,"他辩解说,"而且总是个人行动,以后仍将单独行动。"早在 10 月 24 日,《华尔街日报》(当时还没有现在这样谨慎)抱怨说:"市场上有许多空头卖单、被迫的卖单,以及为使市场难堪而抛盘的卖单。"现在,纽约证券交易所当局想方设法要消除这样的猜疑。不过,调查毫无结果。

另一项更重要的安抚行动由胡佛总统做出。胡佛总统可能仍不关心股市的命运,但不能不关心公众所关注的基本面。眼下,基本面每况愈下:大宗商品价格不断下跌,铁路运输量以及钢铁、煤炭和汽车产量都在下降,最终导致工业生产总指数下降。确实,目前工业生产总指数的下降速度大大快于第一次世界大战以后发生大萧条的 1920~1921 年时期。关于消费者购买力下降,尤其是贵重商品的购买力下降,有许多令人担心的传说。据说,纽约城无线电收音机的销售量自股市崩盘以来减少了一半。

胡佛先生采取的一个步骤正是约翰·梅纳德·凯恩斯后来出版的著作中所讲到的内容。正如凯恩斯和凯恩斯主义者们所建议的那样,胡佛总统宣布削减税收。个人和公司所得税税率各下调一个百分点。这样,一个收入 4 000 美元、无被赡养者的单身家庭可以减免

2/3 的个人所得税。收入 5 000 美元的单身汉也可以享受同样的减免额。一个收入 1 万美元、无被赡养者的已婚男子可减免一半的个人所得税。减税幅度不能说不大,但效果甚微。因为减税对于大多数人来说已经没有意义。一个年收入 4 000 美元的单身汉税负从 5.63 美元减少到 1.88 美元;年收入 5 000 美元的单身汉税负从 16.88 美元减少到 5.63 美元;年收入 1 万美元的单身汉年税负从 120 美元减少到 65 美元。尽管如此,减税的决定还是被作为有利于提高购买力、扩展企业投资和恢复人民信心的措施而受到了欢迎。

胡佛先生还召集了一系列经济形势讨论会。在 11 月下半个月里,胡佛总统轮番接见主要工业家、铁路官员、公用事业公司与主要建筑公司的老板,以及工会与农场协会的领导人。每次会议的程序基本相同:总统接见与会者,和与会者合影留念;与会者接受媒体采访,发表对商业前景的看法,都毫无例外地拣好听的话说。在 11 月 21 日召开了由亨利·福特、沃尔特·蒂格尔(Walter Teagle)、欧文·D. 扬(Owen D. Young)、小阿尔弗雷德·P. 斯隆、皮埃尔·杜邦、沃尔特·吉福特(Walter Gifford)和安德鲁·梅隆等参加的工业巨头会议以后,大家纷纷表示了坚定的信心,与会的朱丽叶斯·罗森沃尔会后甚至说,他担心很快就会出现严重的劳动力短缺问题。

公用事业、铁路和建筑公司的执行官们同样满怀信心,就连农场协会的领导人也没有了当时一般人的愤世嫉俗。他们后来说,他们曾告诉总统"我们行业的士气从来没有像这几年这么高涨过"。[5]

这是一次真正意义上的有组织的大规模安抚行动,在当时引发了一些热情洋溢的评论。华尔街的一名财经专栏作家开始撰写他的

"会议"小说:"把摩尔人调到前线去!"这是福煦元帅在马恩河第一战役时做出的反应……"把商业预备队调到前线去",这是胡佛总统在股市崩盘以后接到各方面呈递的悲观报告而发出的命令。《费城时报》甚至把胡佛总统描绘成了"最有权威的现代'政治工程学'专家"。《波士顿环球报》载文说,现在,全国人民都意识到"白宫不相信观望哲学,而是信奉统治动力学"。[6]

四

当然,如果认为胡佛总统仅仅致力于组织进一步的安抚行动,那对于他来说是很不公平的。他同样也沿用了美国人生活当中最古老、最重要——但很不幸,也是最不被理解——的习惯做法,那就是召开会议。开会不能成事,而只会误事,可惜我们今天仍然因袭这种习惯。这个问题值得我们花一点时间来讨论。

在解决问题的过程中,人们因很多原因聚集在一起开会。他们需要互通信息,或者相互说服。他们必须就某个行动方案达成一致。他们觉得公开磋商要比私下决定更有效率,或者少费力气。但是,至少也有很多原因使得开会不是为了解决问题。有时候,举行会议,是因为召集人想寻找志同道合者,或者至少是想避免单独承担责任。他们渴望能享有会议主持人的威望,这促使他们召集他们自己能够主持的会议。最后,还有一些会议之所以要举行,不是因为有问题亟待解决,而是因为有必要营造一种正在解决问题的印象。这样的会议不但能够取代行动,而且胜过行动。

务虚会议不能解决问题,这一点通常倒也不是什么令与会者感到为难的严重原因。有人已经想出许多方法来对付参加这种会议的难堪。因此,热衷于这种务虚会议的学者们便巧立名目,说是交流思想。对于他们来说,交流思想绝对是件好事。因此,凡是交流思想的会议都是有益无害的,这样的辩解几乎无懈可击。几乎很难找到可以说没有交流思想的会议。

推销员和销售经理都是非业务聚会的重要实践者,通常总能找到各种不同的聚会理由,而且其中的一个理由具有很浓厚的精神色彩。热情地完成日常工作,就需要建立同志般的情感,了解彼此的性格,还要靠酒精的刺激和说话的灵感。聚会的成本可以通过在未来几个星期和几个月里销售更多的产品以及享受更加完整和美好的生活来收回。

大企业的执行官们召开务虚会议,是因为他们错误地觉得某个完全不同的问题非常重要,需要讨论研究。这种会议的意义不在于交流思想和得到同志般的精神奖励,而在于一种严肃的行使召集会议权力的责任感。即使会上没有任何重要的讲话或解决任何重要的问题,重要人物也不可能在没有炫耀重要性的情况下就召开会议。大公司领导人的报告即使平淡无奇,毕竟还是大公司领导人的报告。内容上的欠缺可以用权力来弥补。

务虚会议几乎成了胡佛总统摆脱他在 1929 年秋天所处的处境的绝好办法。除了适度减税之外,胡佛总统明显不愿意为制止不断加剧的萧条而采取任何大规模的政府行动。而且,对于能做些什么,当时也没有确切的把握。但是,到了 1929 年,公众对放任自流政策的信任已经大大减弱。没有一个负责任的政治领导人能够有把握地宣布实行放手不管的政策。白宫召开务虚会议,实际上就是表示放任自流的态度,不决定采取任何行动,同时又给人以确实印象深刻的在采取行动的感觉。召开务虚会议的做法保证了不会因为没有解决业务问题而感到尴尬。与会者根据他们的身份来判断会议的重要性。报纸也会采取合作的态度,强调会议的重要意义,否则当然会影响会议的新闻价值。

最近这段时期,白宫召开的务虚会议都由州长、工业家,以及商业、劳工和农业方面的代表参加,几乎成了政府的一个常设机构。在一个健康、有效的民主政体里,某些在不可能采取行动的时候佯装采取行动的策略是必不可少的。1929 年的胡佛先生是这一公共行政领域的先驱。

据说,由于萧条的加剧,胡佛先生召集的会议没有收到应有的效果。这显然反映了一种目光短浅的观点。

五

1930 年 1 月、2 月和 3 月,股市大幅反弹。到了 4 月,股市失去了反弹的后劲。6 月,股市又一次大幅下跌。此后,除了个别例外情况以外,股市日复一日、月复一月、年复一年地一路下滑,直到 1932 年 6 月为止。等到股市停止下跌,这时的股价与股市崩溃时的最低价位相比,后者甚至还很值得留恋。我们不妨回顾一下,1929 年 11 月 13 日,《纽约时报》工业股平均指数报收于 224 点,而 1932 年 7 月

8日已经跌到了58点,这个数值比1929年10月28日一天的净跌幅大不了多少。新泽西美孚石油股,据说1929年11月13日洛克菲勒认为最低不会跌破50美元,到了1932年4月20日跌到了不足20美元。7月8日,新泽西美孚石油的股价是24美元,美国钢铁已经跌到了22美元的低点。1929年9月3日,美国钢铁公司股票的卖出价摸高到262美元。通用汽车公司的股价由1929年9月3日的73美元下降到了1932年7月8日的8美元;而蒙哥马利·沃德则从138美元跌到了4美元。美国电话电报公司的股票1929年9月3日的卖出价是304美元,到了1932年7月8日已经跌到了72美元。1932年7月8日,蟒蛇公司的股价只跌剩区区4美元。《商业与金融时报》(*Commercial and Financial Chronicle*)评论说:"铜业板块的股票价格已经跌到波动没有多大意义的地步了。"[7]

不过,相对而言,这些原材料股还算保存了一点价值,投资信托的情况则要糟糕得多。截至1932年7月8日这个星期,蓝脊信托份额的价格只有63美分,申南多阿的只卖50美分,而1929年9月3日分别为70美元和117美元。1929年11月关于投资信托会变得一钱不值的担心如今在很大程度上变成了现实。

没有人再会说经济的基本面或其他什么是健康的。据《铁器时代》(*Iron Age*)报道,钢铁交易只达到生产能力的12%。这可是钢铁交易的一个纪录。生铁产量跌到了1896年以来的最低点。这一天,纽约证券交易所的总成交量只有720 278股。

在出现所有这些情况之前,进行过许多的安抚努力。在股市崩盘后的几个星期里,胡佛总统明智地说:"根据我的切身体验,……在经济动荡时期，言论没有什么重要意义。”这条颠扑不破的准则后来被遗忘了。1929 年 12 月，他在国会发表讲话说，已经采取必要的措施，即主要是由白宫召集的务虚会议，并且已经“恢复了公众的信心”。1930 年 3 月，根据其下属的一系列乐观预测，胡佛先生又发表讲话说，股市崩溃对就业的最严重影响估计 60 天以后就能结束。5 月，胡佛先生再次发表讲话说，他本人坚信“我们现在已经度过了最困难时期。只要我们共同努力，很快就能振兴经济”。5 月快结束时，他又说，到秋天经济就能恢复正常。[8]关于安抚政策的效果，共和党全国委员会主席西米恩·D. 费斯(Simeon D. Fess)曾经下过这样的定论：

共和党高层人士开始相信，政府为了把股市当作败坏自己名声的手段而在进行某种共同的努力。每次只要某个政府官员发表有关经济形势的乐观讲话，股市马上就会下跌。[9]

注释

[1]感谢卫生、教育与福利部的人口统计官员为我搜集到了这些数据。这些数据来源于 *Mortality Statistics*，1929(Washington：Department of Commerce，Bureau of the Census)。

[2]*Stock Exchange Practices*，January 1933，Pt.Ⅳ，p.1 214 ff.星期五和星期六，欧洲相关公司大量抛售克鲁伊格—托尔公司股票，但是在交易所的记录中没有这两天的单独记录。唐纳德·杜兰特先生、克鲁伊格—托尔公司高度知情的美国董事，在克鲁伊格自杀身亡的时候也在巴黎，并且发电报把克鲁伊格的死讯告诉了李—希金森公司。杜兰特是这家证券公司的合伙人。而这家公司作为克鲁伊格在美国的投资银行，在获悉克鲁伊格

的死讯以后尽量克制自己采取行动。*Ibid.*,pp.1 215—1 216.

[3]1929 年 12 月 7 日。

[4]*Lombard Street*,p.150.

[5]*Magazine of Wall Street*,December 14,1929,p.264.下面有关福煦和马恩河战役的参考资料源自同一出处。

[6]这两段引语都来源于 *The Literary Digest*,November 30,1929。

[7]1932 年 7 月 9 日。

[8]Frederick Lewis Allen,*Only Yesterday*,pp.340—341.

[9]引自 Edward Angly,*Oh,Yeah!* p.27,转引自 *New York World*,October 15,1930。

8

后果(二)

一

股市崩盘断送了好几十万美国人发财的好运,而对知名人士造成的最严重影响则是败坏了他们的名声。关于他们的智慧和远见,不幸还有诚信的声誉,都严重"震荡缩水"。

就总体而言,凡是在股市崩盘期间声称经济"基本面是健康的"的人都无法对自己说过的话负责。他们都是在公开场合发表自己的观点的。而现在,没有人认为,这些人真正知道经济是否健康。唯一的例外是胡佛总统。他因为反复重申马上就会出现复苏而吃足了苦头。不管怎样,胡佛把简单的安抚仪式变成了一种重要的公共政策工具,结果当然成了公众评论的对象。

学术界的预言家们也不是非常走运。总体而言,人们非常看重“他们并非无所不知”这一发现。劳伦斯先生从普林斯顿大学消失了,在经济学家当中,再也听不到他的声音。

发生股市崩盘的那个夏天,哈佛经济学会因持悲观观点而名声大振。但是,就在那个夏天股市持续回升,经济走势强劲的时候,该学会放弃了一贯的悲观立场。11 月 2 日,股市崩盘以后,哈佛经济学会断言:“本次衰退,无论是股市还是经济,都不是经济萧条的先兆。”11 月 10 日,该学会做出了它的著名估计:“发生严重的萧条并不在概率区间之内”,11 月 23 日又重复了它的判断,并且在 12 月 21 日对新的一年进行了预测:“似乎不太可能发生萧条;我们预计明年春天经济会得到恢复,而且在秋天会得到进一步的改善”。1930 年 1 月 18 日,该学会又发表讲话说,“有迹象表明本次衰退最严重的阶段已经过去”;3 月 1 日又说“根据过去的收缩期来判断,制造业现在肯定已经处于恢复之中”;3 月 22 日宣布“前景仍然有利”;接着又在 3 月 29 日说“前景看好”;4 月 19 日又说“我们在去年 11 月和 12 月的报告中提到的春季复苏到 5 月和 6 月应该会明确无误”;5 月 17 日接着又说“这个月或下个月,经济将进一步好转,并且在第 3 季度或年底强劲恢复到大大好于正常的水平”;5 月 24 日,该学会指出,“经济形势继续在证明 5 月 17 日的预测是正确的”;6 月 21 日又说“尽管经济在恢复过程中出现了一定的反复”,但很快就会有所改善;6 月 28 日又发表讲话说“经济不规则甚至相互抵触的波动应该很快就会让位于持续的复苏”;7 月 19 日又指出“意外的因素推迟了复苏的到来,不过有迹象表明立刻就会出现持续好转”。1930 年 8 月 30 日,哈佛经济学会宣布:“本次萧条差不多气数已尽。”此后,该学会变得不像以前那样满怀希望。11月15日,它又说:“我们现在已经接近萧条衰退阶段的尾声。”[1]这一年以后的1931年10月31日,该学会又说:“本次萧条明显有可能趋于稳定。”就连最后这几次预测还相当乐观。没过多久,该学会永不认错的名声使它黯然失色,最终被迫解散。从此,哈佛大学的经济学教授们不再预测未来,并且重又披上了惯常的谦恭外衣。

欧文·费雪教授艰难地试图解释自己屡屡预测失误的原因。1929年11月初,他辩解说,整个事态不合情理,因此超越了预测。在一次前后矛盾的讲话中,他说:“这是一种恐慌心理学,一种群氓心理学。首先,股市价格水平并没有高得不合逻辑……导致股市下跌的主要原因是心理性的。因为股市下跌,所以下跌。”[2]除了《商业与金融时报》以外,他的解释很少引起其他报刊的注意。《商业与金融时报》不依不饶地载文指出:“学富五车的教授在谈论股票市场时经常失误。”接着又补充说,“群氓”没有出卖股票,而是被出卖了。

在这一年即将过去之际,费雪教授又试图在他的名为《股市崩盘及其后》[3]一书中进行解释。他争辩说,从当时看股市仍处于高位也不无道理,尽管略低于以前。股市崩盘完全是一个意外。股市高涨“主要是因为人们对收入的合理预期”。他还解释说,禁酒仍然是一个提高企业生产率和利润的强劲因素;并且断言“至少,在不久的将来,前景是光明的”。这本书没有引起多少人的注意。他总是预测失误所导致的一个问题就是,在他最需要听众听他解释为什么老是预测失误的时候,却因为老是失误而失去了听众。

戴斯教授,一个“巴勒桑”论者,又回到了俄亥俄州立大学,一身体面地就金融问题著书立说。

我们在这里也应该记录另一个幸运的结局。高盛公司挽回了因其子公司违法而被败坏的名声,恢复了从前诚信、保守的习惯,并且因经营证券业务一丝不苟而闻名。

二

纽约最大的两家银行——大通银行和国民城市银行,饱受股市崩盘之苦。当然,这两家银行受到了对有组织的支持先是满怀希望而后又大失所望的纽约银行家们的普遍痛斥。不过,这两家银行都由于自己的领导人当时又是市场大交易商而遭遇了不寻常的不幸。

相比之下,大通银行还算是比较幸运的。虽然在不同时期担任过大通银行总裁、董事长和监事会主席的艾伯特・H. 威金自己也做股票投机生意,但口风还比较紧。不过,在 1929 年和在这之前的几年里,他致力于一些令人惊讶的计划。1929 年,作为大通银行的领导人,他每年领取27.5万美元的薪水。他在担任大通银行领导人的同时,还兼任大约 59 家公用事业、工业、保险和其他公司的董事,并且从其中的一些公司领取可观的报酬。阿默公司(Armour and Company)支付 4 万美元聘请他担任公司财务委员会委员。他每年还从布鲁克林—曼哈顿运输公司(Brooklyn-Manhattan Transit Corporation)领取 2 万美元的津贴。另外,至少有 7 家公司每年支付给他2 000~5 000 美元不等的津贴。[4]才智、名望甚或友情不是获得这些报酬的唯一因素。付报酬给威金的人通常是大通银行的客户和未来的借款人。不过,威金先生最不寻常的业务爱好是拥有一批私人公司。他有三家是私人控股公司,其中两家出于感情的缘故以他女儿的名字命名,而另外三家公司则完全是因为非感情的税收和保密原因而设在加拿大。[5]

这些公司是他在股票市场上进行名目多得惊人的交易的工具。在1929年春天的一次交易中,谢尔马公司(Shermar),一家以他女儿名字命名的公司,与哈里·福特·辛克莱和阿瑟·W. 卡藤共同参与了一起巨大的辛克莱联合石油公司(Sinclair Consolidated Oil Company)股票联手做庄交易。即使在那些宽容的日子里,对于一名著名银行家来说,辛克莱和卡藤也被认为是非常显眼的同伴。不过,这笔交易使谢尔马公司在没有明显投资的情况下净赚了891 600.37美元。[6]

不管怎样,威金先生最令人惊心动魄的股票交易还要算大通银行的股票交易。这些股票交易都是由大通银行自己出资。在一次时机把握得特别出色的交易中,谢尔马公司于1929年9月23日～11月23日期间卖空42 506股大通银行的股票。[对于那些卖空是不公开的秘密的人来说,这笔交易事实上意味着谈判借入42 506股股票,然后等到股价大大高于借入价时再行抛售。这样做的目的是等股价下跌以后再买进相同数量的股票,然后以实物归还借来的股票。以低价买进的股票(总是假设股价看跌)进行偿还所产生的利润当然归谢尔马公司。]股价真的大幅下跌,卖空者正确地“预期”到了股市崩盘。1929年12月11日,默林(Murlyn)公司,以威金先生另一个女儿名字命名的公司,用向大通银行和谢尔马公司贷款借来的6 588 430美元,向大通银行的一家子公司买入42 506股大通银行的股票,用于抵补谢尔马公司的卖空交易,也就是偿还"证券贷款"。这笔交易的利润高达4 008 538美元,而当时很多人都不再看好股市行情。[7]爱挑毛病的人也许会说,利润是由大通银行赚的,股票是银行的,而且又是银行官员威金先生用银行的资金做成了这笔交易。但事实上,这笔交易的利润都进了威金的腰包。后来,威金先生以有利于员工在自己所供职的机构拥有利益为理由,为银行贷款给自己的高级职员用于银行股票投机的做法进行了辩解。不过,按照这个逻辑推理,贷款用于卖空的做法会遇到一个无法解释的难题:一方面,银行的高级职员对拥有自己供职的机构表示了兴趣;而另一方面,他们又希望自己供职的机构的股票表现越坏越好。面对这个难题,威金表示了自己对高级职员是否应该卖空他们所供职的公司这一问题的疑惑。

1932年底,威金先生请求不再连任大通银行监事会主席的职务。他已经是快65岁的人了,并且略带夸张地说,他的"心思和精力许多年来都用在了促进大通银行的成长、繁荣和效能上"。[8]实际情况很可能是,在大通银行与公平信托公司(Equitable Trust Company)合并以后,温斯洛普·W. 奥尔德里奇(Winthrop W. Aldrich)加盟了大通银行,他在商业银行业务方面的工作作风更加严谨,而公平信托公司由洛克菲勒家族控制。他的加盟使得威金先生对银行来说可有可无。[9]大通银行执行委员会"为了使威金先生多少还为银行履行一点义务",[10]一致表决通过威金可享受10万美元的终身薪水。

后来传出这一有人授意的慷慨之举是威金先生自己促成的。在威金先生退休后的几个月里，他的行动受到了参议院一个委员会的详细调查。奥尔德里奇先生承认他对自己的前任从事如此行业多样、范围广泛的事业感到惊讶，并且表示银行执行委员会表决通过终身薪水是一个严重的错误。威金先生后来拒绝了这份报酬。

三

与国民城市银行相比，大通银行所出现的问题只能算是小巫见大巫。威金先生是一个沉默寡言的人，有人把他说成是一个很有学者风度的人。国民城市银行的领导人查里斯·E. 米切尔是一个才华横溢、性格外向的人，一个新时期家喻户晓的重要预言家。

1929年秋天，华尔街有传闻说，米切尔将辞去国民城市银行的职务。结果，他并没有辞职。有关米切尔辞职的传闻被国民城市银行董事、米切尔众多狂热的股票交易的合伙人珀西·A. 洛克菲勒(Percy A. Rockefeller)说成“任何有判断力的人都会认为太愚蠢”。[11]在以后的两三年里，很少听到有关米切尔的消息。后来，他在1933年3月21日晚上9时被助理检察官托马斯·E. 杜威(Thomas E. Dewey)下令逮捕，并被指控偷漏所得税。

许多犯罪事实从来没有经过认真的辩论。与威金一样，米切尔也大肆炒作他自己供职的银行的股票，尽管很可能有更多的正当理由。1929年是一个银行兼并年，查尔斯·E. 米切尔是不可能抗拒这一风潮的。1929年初秋，他几乎已经完成了一起与谷物交易银行

(Corn Exchange Bank)的兼并案。两家银行的董事都已经表示同意,只剩下股东大会审批的程序需要办理。谷物交易银行的股东可以在以1股谷物交易银行股换取4/5股国民城市银行股或360美元的现金之间进行选择。国民城市银行股当时的价格在每股500美元以上,因此谷物交易银行的股东肯定选择换取国民城市银行的股份。

接着,就发生了股市崩盘。国民城市银行股的股价跌到了每股425美元左右,而只要股价低于450美元——4/5股每股450美元的股份等于360美元,谷物交易银行的股东就会选择换取现金。要用现金全部买下谷物交易银行的股份,国民城市银行就得拿出大约2亿美元的现金。这笔现金实在是数额太大。然而,米切尔答应设法做成这笔交易。他开始购买国民城市银行的股票,在截止于10月28日的这个星期里,他已安排向J. P. 摩根公司借贷1 200万美元,准备购买更多的国民城市银行股票。(在那时,即使1 200万美元对于国民城市银行和摩根公司来说也是一笔数目相当大的资金。结果实际只动用了1 000万美元的贷款,其中400万美元大约在一个星期以后就归还了。可能摩根公司的某些合伙人重新对这笔贷款提出了质疑。)

收购计划最终以失败而告终。像许多其他人一样,米切尔终于明白了这样一个道理:在人人都想抛售股票的时候为一只股票护盘,与几个星期之前人人都想买进这只股票时的护盘,两者是多么的不同。国民城市银行的股票价格越跌越低,米切尔到了山穷水尽的地步,最终不得不放弃护盘计划。现在可不是妄自尊大的时候。在银行管理层某些成员的适度纵容下,国民城市银行的股东们对银行管理层提出了批评，并且否决了这笔损失惨重的交易。不管怎样，米切尔留下了一笔欠摩根公司的难以应付的债务。这笔债务是用护盘买进的国民城市银行股票以及由米切尔的私人控股公司来担保的。但是，护盘买进的国民城市银行股票严重贬值。到了年底，该股的股价由500美元跌到了200美元左右，接近摩根公司接受的抵押价。

接着，米切尔又遭遇了另一个灾难。或者更确切地说，早些时候的好运现在变成了灾难。作为国民城市银行的执行官，米切尔只领取一份不高的薪水——25 000美元。不过，国民城市银行当时实行一种激励薪酬制度，其优厚的待遇也许仍然保持着某种记录。国民城市公司(National City Company)在做了8%的扣除以后，把银行及其证券子公司20%的利润作为管理层基金。管理层基金每年两次根据一种有趣的方式即必须在半小时内完成的安排，在公司主要职员之间进行分配。每个主要职员把写明董事长米切尔该得的基金份额的不记名选票投入一顶礼帽。然后，每个主要职员再填写一张选票，注明其他有资格分享基金的职员该得的金额(不包括本人)。银行执行委员会根据投票表决的平均数额来决定每个主要职员应得的基金份额。

1928年和1929年是银行利润极高的两年。米切尔的下属当然对他的工作都表示肯定。1928年全年，他从银行管理层基金中分得了1 316 634美元。1929年的形势就更好：上半年，他分得的金额不少于110.8万美元。[12]红利和其他众多的活动进一步增加了他的收入。总收入高，应纳税款也就多。他本可以出售一些国民城市银行的股票，减免一些税款。但是，如前所述，国民城市银行的股票都抵押给了摩根公司。

然而,米切尔还是把股票卖给了他的夫人:把 18 300 股股份以 212 美元的价格卖给了这个可能不受怀疑的夫人。这样可以令人满意地减免2 872 305.50美元的税金,正好抵消 1929 年的全部应纳税款。摩根公司似乎根本就不知道自己手中的股票发生了所有权变更。没过多久,米切尔同样以 212 美元的价格从他妻子那里购回了股票。在这之前,股价令人伤心地进一步下滑。米切尔董事长从公开市场上,而不是他夫人那里买进股票,他大约以每股 40 美元的价格就买到了股票。在一次参议院举行的听证会上,当被来自爱荷华州的参议员布鲁克哈特(Brookhart)问及这笔交易时,米切尔以一种足以令其辩护律师晕倒的坦率回答说:"坦率地说,我出售这批股票,是出于逃税的目的。"[13]他的坦率直接导致他在几个星期以后受到了指控。

根据他在法庭上所做的陈述,当时,米切尔已经辞去国民城市银行的职务。1933 年 5 月和 6 月,米切尔案在纽约开庭审理,在当时引起了一定的轰动,尽管其重要性当然小于当时华盛顿发生的更重要事件。3 月 4 日,罗斯福曾在他的就职演说中许诺一定要把不奉公守法的金融家驱逐出金融界这个神圣的殿堂。米切尔被普遍认为是第一个遭到驱逐的金融家。

6 月 22 日,米切尔经陪审团审议后被宣告无罪。按照税法规定进行的避税交易被判定是出于善意的诚信交易。跟踪报道米切尔案审理全过程的《纽约时报》记者认为,米切尔和他的辩护律师在听到这一判决时都感到意外。卡明斯(Cummings)总检察长在此案结束以后发表讲话说，他仍然相信陪审员制度。后来，米切尔作为布莱斯公司(Blyth and Company)的领导人重新开始了他在华尔街的职业生涯。政府向米切尔提出了税务民事诉讼，结果胜诉。米切尔被判支付110 万美元的税金和罚款。米切尔向最高法院提起上诉，但最终还是输掉了这场官司，并且于 1938 年 12 月 27 日向政府还清了全部税金和罚款。从米切尔的角度必须强调一点：米切尔设法减少纳税义务的策略在当时要比现在普遍得多。1933 年和 1934 年参议院展开的调查显示，许多高度受尊敬的人出于避税的目的与他们的夫人发生了非正常的财务交往。[14]

四

我们的政治传统非常重视罪恶的一般化象征意义。具体地说，公众会把一个罪犯所犯的罪行视作一个群体或阶层的秘密倾向。我们渴望搜查出犯罪分子，并不是因为希望他们暴露在光天化日之下并且作为个人受到惩罚，而是希望他们的朋友因此而在政治上失意。在仇敌的朋友中间揭发出一个犯罪分子，长期以来是一种得到公认的改变一个人政治命运的方法。不过，最近以来，这种方法大大得到了改善，罪犯所犯的罪行现在会被归咎于他的朋友、熟人以及一切与罪犯具有共同生活方式的人。

20 世纪 30 年代，华尔街被认为是一个藏污纳垢的地方。某些社会党人和共产党人认为，资本主义应该被废除，他们显然不会寻求保护华尔街这个资本主义的大本营。有些人甚至认为华尔街是一个劣迹斑斑的场所;另外一些人,他们并不主张取缔华尔街,或者并不非常在乎华尔街受到怀疑的作恶方式,而是想从有钱有势的人和妄自尊大的人必然失败的结果中寻找乐趣;还有一些人,他们在华尔街蒙受了损失,因此绝大多数支持现在实行的新政。柯立芝和胡佛政府公开与以华尔街为象征的金融大亨串通一气。随着新政的实施,华尔街的过失就成为政敌的过失。凡是不利于华尔街的事情当然也不利于共和党人。

对于任何在华尔街寻找象征性罪行(即罪犯的个人恶行会使整个金融界蒙受耻辱)的人来说,发现国民城市银行和大通银行领导人犯有严重过失,似乎是最理想不过的了。这是两家最著名、最有影响的银行,还能有比它们玩忽职守更理想的发现吗?

显然,威金先生和米切尔先生的过失理所当然地大受欢迎。从某种难以确定的意义来说,他们的过失并不是最受怀疑的华尔街的过失。在华尔街的宿敌看来,华尔街的罪行并不在于它的权力问题,而在于它的道德问题。罪恶的根源不在于银行,而在于股票市场。人们不但拿自己的钱在股票市场上进行赌博,而且还拿国家的财富进行投机。股票市场虽然许诺能够轻而易举地发财致富,但却会使善良但并非很聪明的人——就像那个也是教区会成员的地方银行出纳员一样——走向毁灭。股市无意识的起伏影响了农产品价格和土地价值,以及票据和抵押品的展期。虽然对老于世故的激进分子来说,银行可能是名副其实的威胁,但是理性的民粹主义分子却把怀疑的矛头直指纽约证券交易所。因此,如果有可能找到象征性罪行的地方,那么当然是早就被人们视为藏污纳垢场所的机构。

在纽约证券交易所搜寻真正的罪魁祸首的行动,始于1932年4月。这个任务由参议院下属的银行与货币委员会(后来由一个小组委员会)负责,而该委员会的指令——“全面调查证券交易所业务……”——因采用通常的分裂不定式而增色不少。后来在费迪南·皮科拉(Ferdinand Pecora)的领导下,该委员会变成了商业银行、投资银行和私人银行的祸端。不过,在它成立的时候,没人料到这一点。最初,调查的唯一对象几乎就是证券市场。

总体而言,这部分的调查没有什么成效。听证会于1932年4月11日开始,第一个到会作证的证人是理查德·惠特尼。[15] 1929年11月30日,纽约证券交易所理事会通过了一项决议,感谢他们的代理理事长在最近发生的股市风暴中进行了“高效、尽职”的工作。决议声称,“俗话说,乱世出英雄……”这种受恩感的必然结果是,在埃德华·H. H. 西蒙斯担任纽约证券交易所总裁6年后于1930年退休的时候,惠特尼当选继任他的职务。作为纽约证券交易所的总裁,惠特尼责无旁贷地担负起保护股票市场免受别人批评的责任。

无论从哪个方面来看,惠特尼都不是一个讨人喜欢的证人。不久以前,惠特尼的一个在任继位者拿他前任的一般行为举止与国防部长查尔斯·E. 威尔森(Charles E. Wilson)在1953年初举行的国防部长任命听证会上的表现进行了比较。惠特尼只承认纽约证券交易所在过去的交易过程中犯有并不严重的过错,甚至只承认出差错的可能性。他只提供被问及的信息,而没有过多地帮助那些渴望了解卖空、凭手头存券交易、期权、联手做庄和投资辛迪加等奥秘的参议员们。他似乎觉得这些术语超越了参议员们的智力,并且暗示这些是每个聪明的学校男生都应该懂的概念,细谈这些显而易见的东西对他有害无益。他非常不明智地与来自爱荷华州的参议员、听证委员会成员史密斯·W. 布鲁克哈特讨论个人经济观,后者笃信证券交易所是魔鬼的独特发明。惠特尼宣称,是政府而不是华尔街应该对眼下的不景气负责。他认为,政府可以通过平衡预算恢复人们的信心,从而为经济复苏做出最大的贡献。为了平衡预算,他建议削减与服役无关的伤残退伍军人的养老金和抚恤金以及政府部门的薪水。当被问及是否应该削减他自己的薪水时,他回答说"不",因为他的"薪水非常低"。在追问之下,他不得已回答说,他的薪水目前只有6万美元。尽管听证委员会的成员让他注意到他的薪水是参议员津贴的6倍这样一个事实,可是,惠特尼仍然固执地赞成削减公共部门的薪水,包括参议员的津贴。[16]

不论惠特尼在听证会上的表现如何,或者可能是由于他在听证会上的表现,几天来的质询几乎没有收集到证券交易所作恶的任何证据,也没能认定作恶者。在股市崩盘之前,惠特尼只大体上听说过投资辛迪加和联手做庄,但不能够详细解释清楚。他反复保证,纽约证券交易所理事会确实存在这样或那样的问题,但都在受到很好控制的范围内。他对参议员布鲁克哈特关于股票市场就是赌场并应该取缔的论点十分反感。最后,听证会还没有完全结束,惠特尼就被允许离开会场。

鉴于对惠特尼的质询没有收到明显的效果,参议院听证委员会便把注意力转向市场知名交易商。结果,他们也让听证委员会大失所望。他们的证词都是一些人人皆知的东西,也就是伯纳德·E. 史密斯(Bernard E. Smith)、M. J. 米汉、阿瑟·W. 卡藤、哈里·F. 辛克莱和珀西·A. 洛克菲勒等人都曾经大肆操纵股票价格。例如,哈里·F. 辛克莱被揭发曾经大肆操纵辛克莱联合石油公司股票的价格。这就如同认定威廉·Z. 福斯特(William Z. Foster,1881～1961年,美国工人运动领袖,1945～1946年担任美国共产党中央主席。——译者注)是共产党人。无法想象,哈里·F. 辛克莱没有卷入复杂的巨额股市操纵交易。此外,尽管他的这些行为应该受到谴责,但就在短短3年前,他的行为还令人羡慕得要命。这里的问题有点类似于后来40年代红色大搜捕中所遇到的问题。自从红色俄罗斯成为我们英勇的苏维埃盟友这个短暂的时期过去以后,便是永恒的尴尬。

的确,站在证人席上的大交易商们并不是一个特别令人有好感的群体。我们在前面交代过,阿瑟·卡藤患有严重的记忆力缺陷症。M. J. 米汉的身体状况也很糟糕。据传,有一次他本来要去华盛顿,结果弄错去了国外(后来,他很大度地为这个差错表示道歉)。其他大交易商也很少能够回忆起他们经手的许多交易,尽管他们曾经像拿破仑一世那样威风凛凛。不过,受审者不可能讨人喜欢。市场交易商们的可疑行为和糟糕记忆并没有直接影响到纽约证券交易所的声誉。如果不考虑丘吉尔·唐斯(Churchill Downs)更糟糕的行为,那么就有可能赞同刺探情报者、透露内部消息者和粗制滥造者的卑鄙观点。

在股票市场出现问题之初,证券交易所的会员公司宣布破产的,有时数量还真不少。1929年秋天,破产情况并不严重。在股市崩盘的第一个星期里,有不少非纽约证券交易所会员公司不得不宣布歇业,只有一家规模不大的会员证券公司在恐慌时期破产。有些客户的投诉受到了不公正的待遇。但是,在最糟糕的那几天里,更多的客户在他们的保证金减少或耗尽以后得到了证券经纪人的支持。纽约证券交易所会员公司的商业道德标准似乎高于 20 世纪 20 年代末的美国平均水平。它们的经营作风也要严谨得多,这也许就是纽约证券交易所及其会员公司能够那么顺利地挺过 30 年代调查的最明显原因。它们在调查过程中也并非没有受到指责。不过,它们受到的指责,根本无法与大银行家们所遭受的指责相提并论。在国会调查过程中,没有发现纽约证券交易所有任何性质的恶名昭著的歹徒可当作反面典型。后来,1938 年 3 月 10 日,曾经下令逮捕查尔斯 · E. 米切尔,后又不知何故逃过了华尔街复仇者骂名的公诉人托马斯 · E. 杜威下令传讯理查德 · 惠特尼。对惠特尼的指控是犯有严重盗窃罪。

五

用现在的话来说,逮捕惠特尼的突然行动,完全是对付犯罪分子的做法,堪与司法部长赫伯特 · 布劳内尔(Herbert Brownell)在 1953 年秋天宣布前总统杜鲁门包庇叛国罪后采取的措施相提并论。在惠特尼第一次被捕后的第二天,纽约州首席检察官约翰 · J. 班尼特(John J. Bennett)再次下达了逮捕惠特尼的命令。班特尼此前对惠特尼一案进行了调查,并且严厉指控杜威先生越级提起公诉。在接下来的几个星期里，几乎每一个公共团体或法庭对这种做法都进行了看似可信的解释，并且要求惠特尼详细交代自己的罪行。

理查德·惠特尼的厄运细节不属于我们现在要讲述的内容。许多事情都发生在与这段历史有关的时期以后。在这里有必要交代一些被认为与股市有关的细节。

惠特尼的欺诈行为属于偶尔为之、相当幼稚的那一种。当时的合伙人后来解释说，一次不幸的失败使他明白，对于别人有意义的规则也同样适用于他本人。比惠特尼的欺诈行为更令人吃惊的是这样一个明白无误的事实：他是现代史上损失最惨重的商人之一。盗窃行为相对于他生意上的不幸，简直就是小巫见大巫。

在20世纪20年代，理查德·惠特尼公司作为华尔街的会员公司，是一家业务量很小的不起眼的债券公司。惠特尼明显觉得自己的想象力缺乏充分的空间，并且在过去的几年里逐渐把重心转向了其他事业，包括在佛罗里达州开采天然胶体和销售泥炭腐蚀土。后来，他又对在新泽西州酿制酒精饮料——主要是苹果白兰地——产生了兴趣。任何事物都不会像生意上的失意那样使人变得贪婪。最终，惠特尼拥有了三家企业。为了守住它们，惠特尼向商业银行、投资银行和证券交易所的其他会员公司告贷，对他的哥哥，摩根公司的合伙人之一，欠下了巨额债务。20年代初，他总共贷款数百万美元，其中许多贷款是没有担保的。随着时间的流逝，惠特尼觉得压力越来越大。当一笔贷款到期时，他就得借新债来还旧债，由于还要支付未到期贷款的利息，因此债务越欠越多。尽管他的证券公司勉强支撑了5年左右，但到了1933年初，已经沦落到了濒临破产的地步。[17]

最后,就像其他许多人一样,理查德·惠特尼领教了在熊市护盘的代价。1933年,理查德·惠特尼公司(惠特尼事件与他的公司几乎完全不能分开)投资购买了1万~1.5万股蒸馏酒公司(Distilled Liquors Corporation)、新泽西州的苹果酒和其他酒精饮料制造公司的股票。每股价格是15美元。到了1934年春天,这只股票的买卖双方直接交易价涨到了45美元。1935年1月,这只股票在纽约证券交易所场外市场上市交易。惠特尼少不了将这只股票作为抵押品借了好几笔贷款。

遗憾的是,即使在禁酒令废除以后的日子里,大众对惠特尼公司的产品实在是兴趣不大。公司自然就赚不到钱。到了1936年6月,惠特尼公司的股票跌到了11美元。股价大跌,对股票的抵押价值产生了灾难性的影响。不幸的惠特尼想通过吸纳更多的股票来维持其价格[后来他声称,他这样做是希望公司的其他投资者能够把自己手中的股票卖掉。[18]如果真是这样,那么这是自悉尼·卡顿(Sydney Carton)以来最无私的行为之一。公司的其他投资者都把股票抛给了惠特尼。在惠特尼破产的时候,蒸馏酒公司发行在外的148 750股股份中,惠特尼或他的证券公司居然持有137 672股。这时候,股价已经跌到了每股3~4美元。值得一提的是,那个时期,人们都有自欺欺人的倾向。惠特尼在努力给蒸馏酒公司股票护盘的过程中无疑很像自欺欺人的查尔斯·庞氏(他在1919~1920年诱骗人们向虚设的公司投资,然后把后来的投资者的钱作为盈利支付给最初的投资者,以诱使更多的人受骗上当)。结果,惠特尼只剩下所有的旧债,又加上为护盘而举借的新债,以及这家公司的全部股票,而这些股票几乎已经分文不值。

随着形势的恶化，理查德·惠特尼越来越求助于一种权宜之计，一种他已经采用了好几年的权宜之计：拿别人托他保管的证券作为抵押品去告贷。到了1938年初，他已经山穷水尽，告贷无门。1937年秋末，他向自己的兄长最后借了一大笔钱，以赎回属于纽约证券交易所的抚恤基金，即用于向死亡会员的家属发放抚恤金的证券。他曾拿这些证券作为抵押品向一家银行申请了一笔贷款。为了借钱，他失望地访遍了熟人，其处境实在可怜。

有传闻说，惠特尼已经走投无路。尽管如此，3月8日，当纽约证券交易所总裁查尔斯·R. 盖伊(Charles R. Gay)站在讲坛上宣布理查德·惠特尼公司破产歇业的时候，交易大厅里一片寂静。当交易所会员们获悉惠特尼长期大肆非法侵占他人财产时，更是目瞪口呆。

惠特尼已经毫无尊严可言，他披露了自己所从事的全部交易，拒绝为自己做任何辩解，并且从人们的视线中永远消失了。

六

再小的乡村银行家的倒闭也要比理查德·惠特尼的破产导致更多的个人困苦、痛苦和贫穷。惠特尼破产案的受害者几乎都有能力承受损失。虽然惠特尼的涉案金额非常大，但他还不能列入当时重大违约者的行列，那些违约者在伊瓦尔·克鲁伊格非法侵占他人财产案中有整整一年没有支付利息。从华尔街反对者的观点来看，他的违约行为是理想的证据。金融犯罪案件能招致如此的幸灾乐祸，实属罕见。

惠特尼完全被视同为纽约证券交易所——万恶之源——的象征。此外,在惠特尼案的审理过程中,纽约证券交易所的总裁和顽固的辩护者居然还在国会和公众面前为他进行辩护。惠特尼是共和党人、头号保守分子,在金融界与摩根公司有着一定的交往。他本人曾经立场鲜明地拥护诚信主张。1932 年,惠特尼非法侵占他人财产的行为已经发展到了晚期,他在圣路易发表讲话,口气坚决地说,“一个伟大市场的必要条件之一就是经纪人必须诚信、可靠”。他期待有朝一日纽约证券交易所对其会员进行严厉的财务检查,以至于“几乎不可能”再发生破产案。[19]

即使在同仁们的眼里,惠特尼也有点傲慢自负。在他破产前的最后几天里,惠特尼不得不忍受最大的耻辱,去向市场交易商伯纳德·E. 史密斯,充其量一个文化素养偏低的人——借钱。史密斯后来告诉证券交易委员会的一名监察员说:“他来找我借钱,并对我说,他希望很快就能渡过这一关,并且希望能凭他的面子借到2.5 万美元。我回答他说,在他甚至不跟我打招呼的时候开口向我借钱,这需要很大的勇气。我坦率地告诉他,我不喜欢他,一个子都不会借给他。”[20]如果自由选举最具备条件败坏华尔街名誉的人,那么惠特尼一定能够以压倒多数的选票当选。

拿惠特尼与最近的一个犯人进行比较,一定会引起读者的兴趣。在 20 世纪 30 年代,新政拥护者们充分揭露了新政反对者们在金融方面的失职行为。(有趣的是,欺诈以及滥用职权或者剥削人民这类非传统的攻击资本主义的词语,在那些日子里变成了对保守分子的报应。)在20世纪40年代和50年代,共和党人渴望在新政拥护者中间发现共产分子。因此,大约相隔10年以后,阿杰尔·希斯(Ager Hiss,1904～?,美国政府官员,在共产主义恐慌达到登峰造极的地步时被指控为间谍,后来于1950年在一个有争议的案件中被认定犯有伪证罪。——译者注)成了理查德·惠特尼的配对物。

他俩都被绝妙地视为其所属阶级的敌人。两人的出身、文化程度、社会关系和职业抱负都能集中体现其所属阶级的基本特点。在这两个案件中,当事人的朋友们对他俩受到犯罪指控的第一反应都是表示怀疑。惠特尼过去在他的圈子里的作用更加重要,因此从他的敌人的角度来看,他是一个比阿杰尔·希斯更令他们满意的人物。从政府官员的等级来看,希斯显然是一个普通人物。希斯是在案发之后才成为全球闻名的政治人物,而且在两次长时间的庭审过程中变得更加出名;而惠特尼在受审时毫不张扬,听凭命运的安排。

这里也许还牵涉惠特尼和希斯的职业道德价值观问题。无论是惠特尼被指控犯有非法侵占他人证券罪,还是希斯被指控犯有盗窃文件罪,都不能成为证明他们的朋友、伙伴和同时代人做同样的事的证据。相反,有证据表明,大多数经纪人都是讲诚信的,大多数新政拥护者没有私通俄国人,而只是希望有朝一日能够应邀前往苏联使馆品尝鱼子酱。无论自由人士还是保守分子,左派还是右派,现在都亲身体验了以莫须有罪名受到指控的滋味。更值得关注的问题也许就是以莫须有罪名受到控告的危险。根据一个古老但没有过时的传统,但愿人人都能明白犯罪或者品行不端是个人行为,而不是一种阶级倾向。

七

惠特尼事件导致交易所与联邦政府之间的关系发生了显著的变化,并且多少也使交易所与广大公众的关系发生了变化。依照《1933年证券法》,以及涉及面更广的《1934 年证券交易法》,美国政府设法禁止在 1928 年和 1929 年出现的某些过分行为。发行新股被要求充分披露公司的信息,尽管没有办法强迫投资者阅读所披露的信息。仿效威金先生的内部交易和卖空被宣布为不合法。联邦储备委员会受权制定保证金比例规定,在必要时可把保证金比例提高到 100%,从而完全杜绝保证金交易。联手做庄,虚假交易,散布消息,甚至公然散布虚假信息,以及其他控制和操纵市场的手法全部受到禁止。商业银行与其证券公司分业经营。最重要的是,公布了纽约证券交易所和其他交易所都受政府管制的原则,而且设立了证券交易委员会,专门负责实施政府对交易所的管制。

这是一剂苦口的内服药。再说,管制机构就像创立它们的人类一样,具有明显的生命周期。刚成立时,这些机构朝气蓬勃,充满活力,敢作敢为,甚至毫不姑息;后来,它们变得成熟;而等到进入老年期,即 10～15 年以后,除个别例外情况之外,它们不是成为其所监管的产业的左臂右膀,就是变得暮气沉沉。证券交易委员会特别敢作敢为。对于任何新成立的监管机构来说,华尔街肯定是一个具有挑战性的对手。

在惠特尼事件之前,华尔街(总有某些例外情况)准备进行抵制,并且坚持要求(一般而言)金融界,特别是证券市场有权以自己的方式,由自己的领袖人物来管理自己的事务,并且进行自律。就在宣布惠特尼公司歇业的头天晚上,纽约证券交易所总裁查尔斯·R. 盖伊和业务管理委员会主席豪兰·S. 戴维斯(惠特尼是他俩这两个职务的前任)去了华盛顿。在华盛顿,他俩向证券交易委员会的威廉·O. 道格拉斯(William O. Douglas)和约翰·W. 黑尼斯(John W. Hanes)通报了惠特尼公司申请破产的情况。这次更具象征意义的旅行表明了纽约证券交易所的臣服态度。关于监管的冷战就此结束,此后没有重新开战。

虽然惠特尼的垮台标志着新政在监管问题上取得了胜利,并且非常有助于证明对纽约商务区道德行为不良的普遍怀疑。然而,这一切都是最近才发生的事,这可是华尔街的造化。到了1938年,向大企业开刀的新政开始逐渐走向衰落;原来的"突击部队"的某些指挥员也已经改弦易辙,大唱自由企业制度的赞歌。至此,新政"神学"已经普遍付诸实施,所有必要的经济改革业已显示其效果,而国会正在酝酿还没有颁布的经济改革措施。任何具有一定重要性的对证券市场进行深入改革的方案都被提上了议事日程。从此,华尔街对华盛顿百般殷勤,而华盛顿却似乎兴趣索然。

注释

[1]各引语都引自相关日期的 *Weekly Letters*。

[2]*The Commercial and Financial Chronicle*, November 9, 1929. 转引自 New York *Herald Tribune*, November 3, 1929。

[3]New York: Macmillan, 1930. 随后的引语引自该书 p.53, p.269。

[4]*Stock Exchange Practices*,Report,1934,pp. 201—202.

[5]*Stock Exchange Practices*, Hearings, October—November 1933, Pt. Ⅵ, pp.2 877 ff.

[6]*Stock Exchange Practices*,Report,1934,pp.192—193.

[7]*Stock Exchange Practices*,Report,1934,pp.188 ff.

[8]*Stock Exchange Practices*,Hearings,October 1933,Pt. Ⅴ,p.2304.

[9]后来,奥尔德里奇在参议院的一个听证委员会前说,他与威金先生的朋友们意见分歧,想必与威金先生也存在意见分歧,这是一个常识问题。

[10]同上,p.2 302。

[11]*Investment News*,November 16,1929,p.546.

[12]*Stock Exchange Practies*,Report,1934,p.206.

[13]同上,p.322。

[14]同上,pp.321—322。

[15]*Stock Exchange Practices*,Hearings,April 1932,Pt. Ⅰ,p.1 ff.

[16]*Stock Exchange Practices*,Hearings,February—March 1933,Pt. Ⅵ,pp. 2235 ff.

[17]Securities and Exchange Commission,登载于 *the Matter of Richard Whitney*, *Edwin D. Morgan*, *Etc.*, Vol. Ⅰ, Report on Investigation (Washington,1938).

[18]Securities and Exchange Commission,*op.cit.*,Vol. Ⅱ,p.50.

[19]*The New York Stock Exchange*——理查德·惠特尼在圣路易斯工业俱乐部和商会举行的会议上的讲话(St.Louis,September,1932)。

[20]Securities and Exchange Commission,同上,Transcript of Hearings,Vol. Ⅱ,pp.822,823.

9

股市崩盘的因与果

一

大崩盘之后，随即发生了大萧条。大萧条以不同的严重程度持续了 10 个年头。1933 年，美国的国民生产总值(经济总产值)几乎还不到 1929 年的 1/3。实际产量直到 1937 年才恢复到 1929 年的水平，接着又迅速滑坡。直到 1941 年，以美元表示的产值仍低于 1929 年。1930～1940 年间，只有 1937 年全年平均失业人数少于 800 万。1933 年，大约有 1 300 万人失业，几乎每 4 个劳动力当中就有 1 个失业。1938 年仍有 1/5 的劳动力失业。[1]

在这个令人沮丧的时期，1929 年成了一种神话。美国人都希望美国能够恢复到 1929 年的状态。在某些产业和城市里，经济形势非常好的时候几乎也只能与 1929 年相提并论。人们常常听到那些有识之士在非常正规的场合说，1929 年是“美国人能够遇到的最好年景”。

总体而言，造成股市大崩盘的原因要比随后导致大萧条的原因解释起来容易。而在被认定导致萧条的问题当中，最难以处理的问题是认定股市大崩盘的责任。经济学家还没有找到大家认同的关于这些问题的最终答案。不过，我们照样能够探讨一些导致大萧条的原因。

二

正如经常强调的那样，1929 年秋天发生的股市崩盘无疑与此前出现的投机热具有密切的关系。与投机热有关的唯一问题就是投机热持续了多长时间。对股价持续上涨这一短期事实的信心迟早有一天会减弱。当这种情况真的出现时，有些人开始抛盘，他们的行为会断送股价持续上涨的美好现实。持股待涨就会变得毫无意义；接下来的现实就是股价下跌。于是，出现了一股抛盘热，一种抛售恐慌。投机热就这样结束了，1929 年也就这样走到了尽头。以后再也没有出现过这样的投机热。

我们不清楚为什么会在 1928 年和 1929 年出现这样一股投机狂热。信用便利使得人们借钱以保证金交易方式大肆购买股票，这个长期以来得到普遍认可的原因显然毫无说服力。在这之前和之后，多次出现过信用便利，但却没有发生任何形式的投机热。此外，1928

年和1929年的股票投机许多是依靠了付息贷款。在这之前的许多年里,以及在这之后的任何时期,利率都被认为特别低。根据一般考察,20世纪20年代末,银根收得很紧。

人们的情绪远远要比利率和信贷供给重要。大规模的投机需要普遍的信任感和乐观情绪,并且必须坚信普通老百姓都渴望发财。人们还必须相信别人的善意和善行,因为他们要通过别人代理才能够发财致富。1929年,戴斯教授指出:“老百姓都相信他们的领导人。我们不再把工业巨头们视为受人吹捧的骗子。我们难道没有听到过他们在无线电广播中发表的讲话?我们难道不熟悉他们几乎像与朋友聊天那样向我们表达他们的思想、雄心和理想?”[2]这样的信任感对于股市是至关重要的。如果人们谨小慎微,狐疑不定,遁世绝俗,多疑或吝啬,那么肯定与投机热无缘。

与此同时,储蓄还必须充裕。无论投机是否依赖借贷资金,其中部分还必须由投机参与者用自有资金来支撑。如果储蓄增长迅速,那么人们用于积累的边际价值就会下降,他们就愿意拿一部分储蓄去冒险,以期获得更高的回报。因此,投机极有可能在长期繁荣以后突然爆发,而不会出现在萧条过后的复苏初期。麦考利(Macaulay)曾经指出,在王政复辟和独立革命时期,英国人不知如何处置他们的储蓄,“这种状况的自然结果就是聪明和愚蠢、诚实和奸诈的人采用完全不同的方法来使用多余的资本”。白芝浩和其他作者大致上把“南海泡沫”归咎于相同的原因。[3]1720年,英国迎来了长期繁荣,战争开支又部分促进了经济繁荣。在这一时期,私人储蓄被认为以前所未有的速度增加。投资出路也很少,而且回报又低。因此,英国人渴望把自己的储蓄投资于新企业,但是,很快就认识到前景并不美好,就像1928年和1929年的美国人一样。

最后,投机热的爆发多少产生了一种免疫效应。随后发生的股市崩盘自然破坏了投机所需的良好心理状态。投机热的爆发使人们合乎情理地相信另一次投机不会立刻发生。随着时间的推移和记忆的淡忘,免疫效应逐渐减弱,投机热可能会卷土重来。1935年,没有出现任何促使美国人发起另一次股市投机的因素。1955年,发生股市投机的危险则要大得多。

三

如前所述,解释股市火暴和崩盘的原因要比说明它们与随后发生的萧条之间的关系来得容易。大萧条的原因很难确定。同样可以注意到,在关于大萧条的当代作品中并没有明显地指出萧条的确定原因。许多当代作品探讨了萧条的症结所在和不可扭转的原因。不过,这样的解释本身就可能是不确定性的体现。人们越是没有把握,就越显得教条。我们不知道俄国人想干什么,于是就信誓旦旦地说他们将会干什么。比方说,由于我们不能预见德国重整军备的后果,于是我们肯定地断言德国重整军备将会产生什么样的后果。经济学的情况也大致如此。然而,要说明1929年及其后岁月所发生的事情,我们可以区别可能正确的解释与明显错误的解释。

大多数人总觉得20世纪30年代必然会出现萧条。我们已经享受了(至少)7个年头的好年景,根据一条神秘或圣经似的代偿定律,然后就得遭遇7个年头的坏年景。一个适用于股市的论点也许会有意无意地作用于一般经济。由于股市在1928年和1929年背离了现实,因此在某个时候会回归现实。觉醒只会令人痛苦,而幻想却具有欺骗性。同样,新时代的繁荣终有一天会离我们而去,接踵而至的是代偿性的困苦。

同样,我们还有一个更加微妙的信念:经济生活受一种可预见的节律约束。繁荣持续一段时间以后就会自我毁灭,而萧条则会自动取而代之。根据商业周期原理,繁荣在1929年结束了它的全过程。这是哈佛经济学会全体成员在1929年春天断言衰退不知何故姗姗来迟时所坚持的信念。

这些信念没有一个能够真正站得住脚。20年代的繁荣并不必然意味着30年代的萧条。以往,景气时期会让位于较不景气时期,而较不景气或不景气时期则会让位于景气时期。在资本主义经济中,这样的交替变化是正常现象,但并不存在绝对的规律性,尽管人们通常仍然这么认为。[4]并没有什么可预见的节律规定了股市崩盘和1930～1940年的经济停滞。

1929年,美国经济也没有受到这样的自然压力或张力的制约:因为昔日的繁荣而必须经历一场萧条。关于经济不时需要休养生息的观点,还有一定的可信性和显著的可行性。1954年夏天,一名职业经济学家、艾森豪威尔总统的私人幕僚成员,是这样解释当时的经济衰退的:在经历了前几年的超负荷运行以后,经济在(也完全应该)进行短暂的休养。1929年,劳动力并没有疲惫,还能够继续无限期地以1929年的最高速度从事生产。全美的资本设备也没有超负荷运转，在前几年的繁荣时期得到了更新和改善。事实上，资本设备损耗出现在投资锐减的以后几年里。1929 年，相对于当时的生产速度来说，原材料也非常充裕。企业家们从来没有比那时更加乐观过。显然，如果劳动力、原材料、设备和管理层都能够继续甚至以更大的负荷运行，那么就没有必要休养生息。

最后，正如有人指出的那样，20 年代的高产出并没有超过人们的需求。在 20 年代，人们确实得到了越来越多的商品。但是，没有证据表明他们对汽车、衣服、娱乐甚或食品的需求都得到了充分的满足。相反，后来的所有证据都表明(在可用收入既定的情况下)消费能力还有很大的增长空间。因此，不发生萧条，人们的需求也能够赶上他们的生产能力。

四

那么，导致萧条的可能原因到底是什么呢？回答这个问题，可以把这个问题一分为二，加以简化。第一个问题就是经济活动为什么会在 1929 年发生逆转；第二个问题远比第一个问题重要，为什么经济活动会在这个不幸的时候发生逆转，并且在以后的整整 10 年里一蹶不振，一路下滑。

如前所述，当时可获得的最容易理解的月度经济活动测度指标——联邦储备工业与工厂生产指数——在 6 月达到了峰值，随后就开始下跌，在这一年剩下的几个月里一路下跌。其他指标的转折点出现得稍晚，譬如，工厂就业人数、火车装载量和百货商店零售额这些指标是在10月或10月以后出现了明显的下降趋势。尽管如此,正如经济学家通常所强调的,以及国家经济研究署最高当局掌握的材料[5]所显示的那样,经济在这一年初夏,即早在股市崩盘之前,已经开始疲软。

经济疲软可以用不同的原因来解释。当时的工业品生产超过了消费者需求和对工业品投资的需求。在景气时期特有的狂热中,企业错误地估计了未来的需求增长,并且购置了多于后来所需的库存资产。相应的结果是,企业减少采购,进而导致减产。简言之,1929年夏天,库存开始下降。从可获得的为数有限的数据来看(按照现在的标准),百货商店的库存似乎并不低于年初的水平。但是,百货商店销售额在4月出现中度下降,很可能是经济衰退的一个信号。

还有这样一种可能性,研究这一时期的学者对此一般都表示赞同:更深层的因素同时产生了作用,并且在这一年里变得真正明显起来。整个20世纪20年代,工人人均产量和生产率稳步提高:1919～1929年,制造业工人人均产出大约增长了43%。[6]工资、薪水和物价都比较稳定,不过没有实现不可比拟的增长。因此,各项成本下降,价格也同样下降,而利润则在增长。利润持续支撑着有钱人家的支出,并且至少唤起了某些支持股市反弹的希望。其中的大多数因素促成了很高水平的资本投资。整个20年代,资本品生产以6.4%的年均增长率增长;而非耐用消费品(包括食品和衣服等大众消费品)则仅以2.8%的比例增长。[7](汽车、住宅和家具等耐用消费品占据了殷实人家和有钱人家相当一部分的支出,年增长率达到了5.9%。)换句话说,大量且不断增长的资本品投资是利润的主要支出项目。[8]由此可见，任何中断投资支出的因素，即任何真正阻止投资支出以必要的增长率增长的因素都有可能导致萧条。当投资支出受到抑制时，不可能指望通过增加消费支出来进行补偿。因此，投资不足的效应，即无法与利润稳步增长并驾齐驱的投资的效应，有可能抑制总需求，从而会减少订单和产出。关于这一点，也缺乏最终的证据。因为，很遗憾，我们不知道投资必须以什么样的速度增长才能保持现有的利润增长水平。[9]有关的解释明显包含了这些因素。

经济低迷当然可能还有其他方面的原因。导致投资增长不足的原因有可能是利率居高不下；或许，尽管可能性比较小，但是因为像农业这样的某个薄弱部门出现了问题，然后波及整个经济。当然，还可以进一步探讨经济低迷的原因。不过，有一点是明确的：直到1929年秋天，经济低迷的程度还不严重。商业活动只是略有衰退，失业也比较轻微。到了11月，还可以说没有出现任何严重的问题。如前所述，其他时期——1924年、1927年和1949年末，美国经济同样出现过类似的衰退现象。但是，1929年的经济衰退不同于上述其他时期的经济衰退，前者持续时间长，而且不断加剧。这是1929年经济衰退的独特特征。这一点是我们真正必须弄懂的。

五

1929年，似乎出了一点问题，改变了一种著名的论调：经济的基本面是健康的。这可是第一重要的环境条件。许多情况都很不妙，不过以下五方面的问题与随后发生的灾难有着特别密切的关系。

(1)收入分配不均。1929年,富人确实非常富有。有关数据不能非常令人满意地说明问题,不过,有一点似乎可以肯定:这一年,占美国人口5%的最高收入群体其收入大约占据美国个人收入总额的1/3。利息、红利和租金等个人收入(一般来说,这些都是有钱人的收入)的比例大约是第二次世界大战以后几年的2倍。[10]

极不平等的收入分配,意味着经济依赖于高水平的投资或奢侈品消费支出,或者同时依赖于两者。有钱人不可能购买大量的面包等生活必需品。如果他们要花完自己的所得,那么必须购买奢侈品,或者投资于新的工厂或新的项目。投资和奢侈品支出必然要比周薪25美元的工人买面包和付租金的支出更容易受不确定性因素的影响,并且波动幅度也比较大。我们可以假设,这种高档消费支出和投资特别容易受1929年10月股市重大消息的影响。

(2)公司结构不合理。1929年11月,股市崩盘以后没过几个星期,哈佛经济学会拿它自己理由充分的观点"大多数企业表现谨慎、保守"作为解释为什么需要担心发生萧条的主要原因。[11]而实际情况是,20世纪20年代的美国企业好客地向为数众多的煽动者、受贿者、冒名顶替者和骗子等敞开双臂。因此,非法侵占公司财产的状况已经到了登峰造极的地步。

最重要的公司缺陷是控股公司和投资信托的庞大结构体系。控股公司控制了美国很大一部分公用事业、铁路和娱乐业。由于投资信托的存在,因此始终存在着受反向杠杆效应破坏的危险。尤其是,当自营公司的红利被用来支付其上游控股公司的债券利息时,红利一旦中断,就意味着不能如约支付债券利息、破产和庞大的控股公司体系的崩溃。在这样的形势下,削减对自营公司的投资以维持红利分配的诱惑,显然是巨大的。此外,当时还存在通货紧缩的压力。通货紧缩的压力又会导致收入减少,从而加速公司金字塔形组织结构的倒塌。如果真的发生这种情况,那么进一步收缩开支就在所难免。收入被用来偿还债务,为新的投资项目筹集资金,已经变得不可能。很难设想一种能够更好地承受螺旋形通货紧缩的公司体系。

(3)银行结构不合理。自 20 世纪 30 年代初以来,新一代的美国人听说 20 年代末银行业的做法,会感到又可气又好笑,更多则是震惊。事实上,银行业的许多做法仅仅是因为萧条而变得可笑。贷款本来是一件好事,现在因为借款人的产品价格暴跌、产品市场萎缩或者抵押品贬值而变成一种彻头彻尾的蠢事。最负责任的银行家——那些眼看着债务人受到超越他们控制能力的因素的伤害,有意设法帮助他们的银行家——往往被看作最傻的银行家。像其他人一样,银行家们屈从于当时轻率、乐观和不道德的心态,不过很可能仅此而已。1929～1932 年的萧条一开始就像描述的那样,同样损害了当时无懈可击的银行的声誉。

虽然 1929 年的银行家们通常并不愚蠢,但是银行也存在结构性缺陷。这种缺陷是许多独立经营的银行机构所固有的。如果有一家银行破产倒闭,那么其他银行的资产就会被冻结,而其他银行的存款人则会争相提取自己的存款。因此,一家银行破产,会导致其他银行破产,并且会像多米诺骨牌那样蔓延开来。局部的灾祸,或一家银行的管理不善通常会导致这样的连锁反应。(1929 年上半年,全美各地有 346 家银行破产,他们的存款总额接近 1.15 亿美元。)[12] 当收人、就业和物价因萧条而下降时，银行破产很快就会成为一种流行病。这种情况发生在1929年以后。而且，同样很难设想有比这更好的能够扩大恐惧效应的制度安排。这种恐惧效应不但会摧毁心理素质差的人，而且也会影响心理素质好的人的信心。无论是富人还是穷人，都会因为“他们的储蓄已经被侵吞”这条可靠消息而意识到灾难的降临。

毋庸赘言，这样的银行体系，一旦面临破产恐慌，只会抑制其存款人的支出和借款人的投资。

(4)成问题的对外收支状况。这是一个经常听说的故事。在第一次世界大战期间，美国的国际收支出现了顺差。在随后的10年里，贸易出超在对欧洲贷款还本付息以后仍有盈余。高关税依旧，抑制了美国的进口，有助于创造贸易出超。不管怎样，历史和传统的贸易习惯也使得国际收支持续出现所谓的顺差。

以往，还本付息实际减少了贸易顺差；现在，美国成为净债权国，因此国际收支顺差扩大。应该说，开始美国的国际收支顺差还不算巨大。仅1928年这一年，出口贸易超过进口贸易形成的出超竟高达10亿美元；而1923年和1926年的贸易顺差大约只有3 750万美元。[13]贸易顺差无论大小，都必须予以平衡。其他进口大于出口、此外还得偿还债务的国家必须以某种方式找到弥补对美交易逆差的手段。

在20世纪20年代的大多数年份里，国际收支差额使用现金来平衡，也就是向美国支付黄金，以及依靠美国向其他国家举借新的私人贷款来弥补。大多数贷款又转贷给了政府，即中央、州或市镇政府机构,而其中很大比例的贷款借给了德国和中南美洲国家。债券收益可观,公众踊跃认购。国际贷款竞争一直非常激烈。腐败和行贿不幸变成了竞争手段,而且在实际中被采用。1927 年末,秘鲁总统的儿子胡安·勒圭亚(Juan Leguia)因帮助 W. 塞里格曼公司(W. Seligman and Company)和国民城市公司(国民城市银行的证券子公司)把 5 000 万美元贷给了秘鲁,而收受了这两家公司 45 万美元的酬金。[14]根据后来的证词,胡安提供的帮助产生了负面作用,因为他没有阻止这笔交易。大通银行向古巴的马沙杜(Machado)总统、一个杀人成性的独裁者慷慨地提供私人信贷额度,一度达到了 20 万美元。[15]马沙杜的女婿受雇于大通银行。该银行的古巴债券业务做得很大。在考虑这些贷款业务的时候,银行往往很快就忽略了可能出现的任何不利于债权人的因素。国民城市银行负责拉丁美洲贷款业务的副总裁维克多·舍佩尔(Victor Scoepperle)在审批一笔信贷时对秘鲁做了如下评价:

> 秘鲁:有坏账记录;不利的道德风险和政治风险;国内债务状况恶劣;过去 3 年的贸易状况类似于智利,基本令人满意;自然资源种类较多;经济数据显示,秘鲁在未来的 10 年里应该能够获得迅速的发展。[16]

根据有关数据,国民城市公司向秘鲁发放了 1 500 万美元的贷款,几个月以后追加了 5 000 万美元,而大约过了 10 个月又发行了 2 500万美元的债券。(秘鲁确实是一个政治风险很高的国家。举借这些贷款的勒圭亚政府被暴力赶下了台,而贷款终于无法收回。)

无论从哪个方面来看,这些业务就如同申南多阿公司和蓝脊公司一样,是新时代的组成部分。它们同样是那样的脆弱,一旦新时代的幻想破灭,它们也就随即烟消云散。因此,对美国的对外经济状况必须进行根本的调整。一些国家不可能——至少不可能长期——通过支付越来越多的黄金来弥补自己的贸易逆差。这就意味着它们必须增加对美国的出口,或者减少从美国的进口,或者无法履约偿还过去所欠的贷款。胡佛总统和美国国会立刻通过大幅度提高关税来排除这第一种可能性,即通过扩大进口来平衡出口差额。因此,债务,包括第一次世界大战期间欠下的债务,得不到偿还。而与此同时,美国的出口急剧下降。出口减少虽然与美国经济的总产出关系不是很大,但却导致了一场普遍性的灾难,特别是农场主深受其害。

(5)经济知识贫乏。把任何时期的民众视为愚民,这似乎有些不恰当,而开创这个先例也会令这一代人感到遗憾。然而,有一点似乎可以肯定,20世纪20年代末和30年代初的经济学家和经济咨询顾问似乎特别荒谬。在股市崩盘后的数月乃至数年里,著名的振兴经济的建议毫无例外地助长了一些导致经济恶化的措施。1929年11月,胡佛先生宣布减税措施。在此后召开的几次重要务虚会议上,他要求工商企业保持它们的投资水平和工资水平。这两种措施都会导致可支配收入的增加,尽管不幸都没有产生什么作用。除了处于高级收入人群以外,减税的作用可以忽略不计。承诺保持投资水平和工资水平的工商企业家,根据一种得到充分理解的信念认为,这种承诺只在不会造成财务上不便的时候才具有约束力。结果,投资支出和工资在经济形势怎么都不会导致它们缩减之前确实没有减少。

尽管如此,这种努力方向是正确的。此后的政策几乎全部都导致经济形势恶化。当被问及政府如何尽可能促使复苏提前到来时,这位"健康、负责"的劝导者极力主张预算平衡。国会两党在这一点上达成了一致的观点。预算平衡是共和党的最高原则；而民主党1932年的竞选纲领以政治家少有的坦率主张“联邦预算必须在根据收入精确估计支出的基础上逐年实现平衡……”

平衡预算的承诺总能得到充分的理解。平衡预算于是就意味着不增加政府旨在扩大购买力、缓解灾情的支出，也可能意味着不再进一步减税。按照字面意思理解，平衡预算具有更多的含义。从1930年的情况来看，预算远非平衡。因此，平衡预算就意味着增加税收，减少支出，或者同时增税节支。1932年，民主党的竞选纲领呼吁“立即大幅度削减政府开支”，以实现政府成本至少下降25%的目标。

平衡预算不是一个思想主题，也不像通常所认为的那样是一个诚信问题，而仅仅是一句套话。几个世纪以来，回避借款原则曾保护人民免受懒散或不计后果的政府造成的苦难。懒散或不计后果的国库管家通常会发表一些难懂的论调，以说明收支平衡为什么不是一种美德。经验表明，无论这种信念在短期内看似多么实用，但从长期来看却非常不合时宜，甚至会导致灾难。这种简单世界里的简单规则很难适用于20世纪30年代初日趋复杂的现实。尤其是大量失业改变了这种规则。时局愚弄了人们，但几乎没人想到对问题进行重新思考。

平衡预算不但是政策上的精神枷锁，而且也是导致金本位制寿终正寝的妖魔鬼怪。最令人惊讶的是，它还是导致日益危险的通货膨胀的罪魁祸首。1932年以前，美国大幅度增加黄金储备，因此，非但没有发生通货膨胀，而且经历了历史上最严重的通货紧缩。但是，每一个冷静的建议者都看到了其中的危险，物价增长失控的危险。

1931年或1932年,物价暴涨的危险或者可能性为零。建议者和顾问们无论如何不会去分析这种危险甚或可能性。他们只会死死抱住痛苦的历史教训不放。

对通货膨胀的恐惧加强了对平衡预算的要求,同时还抑制了降低利率、增加信贷并在当时的条件下尽可能方便借款的努力。美元贬值是绝对不能考虑的问题,这会直接亵渎金本位制。在这样的萧条时期,货币政策充其量是一种靠不住的东西。当时陈旧的经济观念甚至还不允许使用这种靠不住的工具。而且,这种观点超越了党派之争。虽然罗斯福本人思想特别开放,但也非常谨小慎微,不愿冒犯自己的追随者。在1932年的竞选活动接近尾声之际,他在布鲁克林发表的一次演讲中说道:

"民主党的竞选纲领明确宣布:'我们提倡一种能够抵御一切风险的稳健的货币政策。'这句话的含义明白无误。在6月30日讨论这份竞选纲领时,我说'实行稳健的货币政策是一种国际必然,不是出于某一国家本国利益的考虑'。后来,我又在美国西北部的比尤特重申了这一主张……在西雅图再次重申了我的态度……"[17]

次年2月,胡佛先生像往常一样,在一封著名的致当选总统的信函中阐释了自己的观点:

倘若能够迅即保证不降低币值或不发生通货膨胀,那么就可以顺利地保持国家稳定。即使必须增加税收,预算肯定也应该实现平衡。政府的声望将通过拒绝在发行证券方面滥用信用来得到维护。[18]

拒绝运用财政(税收与支出)政策和货币政策,就等于是拒绝执行任何积极的经济政策。当时的经济顾问既观点一致又颇具权威,迫使共和党、民主党两党领袖拒不采取制止通货紧缩和萧条的有效措施。这本身就是一个显著的“成就”——教条战胜了思想，其影响意义深远。

六

我们应该根据美国经济的上述缺陷来考察股市崩盘在 20 世纪 30 年代这场大悲剧中扮演的角色。而在华尔街自我贬低的年代里，股市发挥着重要的值得“尊敬”的作用。证券价格暴跌首先影响到了富豪和有钱人。但是，我们应该注意到，在 1929 年的美国，这是一个至关重要的群体。这个群体的成员掌握着大部分消费收入；他们构成了最大部分的个人储蓄和投资来源。任何影响该群体支出和投资的因素必然会对整个经济的支出和收入产生广泛的影响，而受股市崩盘打击最严重的正是这个群体。此外，股市崩盘导致美国经济失去了由证券投资盈利形成的对支出的支撑。

股市崩盘同样也是充分利用公司结构缺陷的有效途径。位于控股公司链终端的自营公司紧缩开支，股市崩盘以后发生的控股公司体系和投资信托的崩溃有效地削弱了借款能力和为投资筹措资金的意愿。长期以来看似纯信用作用的东西，实际上迅速转化为订单减少和失业增加。

股市崩盘同样有效地导致了国际收支得以平衡的对外贷款的结束。现在，国际收支主要依靠减少出口来实现平衡，从而对小麦、棉花和烟草的出口市场迅速形成了巨大压力。或许，对外贷款仅仅推迟了终究要实现的国际收支平衡。股市崩盘只不过是在一个非常不利的时刻导致了国际收支的突然调整。农场主们把自己遇到的麻烦归咎于股市,并没有完全做错。

最后,当灾难降临时,没有人提出采取措施加以制止的意见。这也许是当时最令人不安的特征。1930年、1931年和1932年,美国仍有人在忍饥挨饿;另一些人经受着担心挨饿的恐惧的折磨;还有一些人过去受人尊敬,有享用不尽的荣华富贵,现在因失去了收入而沦落为贫民;再有一些人担心自己会步他们的后尘。当时,每一个美国人都忍受着绝望的煎熬。对此,人人都惊慌失措,由于支配政策的思想,因此真的是一筹莫展。

如果1929年美国经济的基本面真的是健康的,那么股市大崩盘的影响就可能无足轻重,而受股市打击的人们的信心危机和支出减少也许很快就会过去。但是,1929的美国经济并不健康,恰恰相反,是极度脆弱的,很容易受到华尔街打击的伤害。那些当时强调美国经济这一弱点的有识之士显然具有较强的抵御能力。可是,当玻璃温室被冰雹击破以后,人们通常不会认为冰雹只扮演了一个被动的角色。我们必须对1929年10月从下曼哈顿刮来的飓风予以同样的重视。

七

军事史学家在写完年史以后就会得到人们的谅解。人们不会强求他们预测与印第安人、墨西哥人或南部联邦重新开战的概率,也不会强迫他们说出预防战争的措施。不过,人们对经济学的要求比较严格。因此,经济史学家总会被问及他们所描述的灾难是否会重新困扰我们,以及如何进行预防等问题。

如前所述,本书的任务只是告诉读者 1929 年所发生的事件,而不是告诉读者 1929 年的灾难是否或者何时会卷土重来。那年的一个重要教训现在已经变得明白无误:非常特殊的个人灾难随时等待着那些擅自认为未来属于自己的人。然而,我们认为,可以在不过分冒险的情况下从那年的教训中获得某些关于未来的见识。我们尤其可以对有可能再度发生的灾难与 1929 年以后至少有可能避免的灾难进行区分,而且还能够发现一些其后果的表现形式和严重程度。

乍一看,20 世纪 20 年代末遭遇的种种灾难当中最不可能重新发生的灾难大概就是股市疯涨和随后不可避免的暴跌。随着头脑清醒的日子的结束,数以万计的美国人摇头嘀咕"绝不会再次发生"。在每一个值得关注的群体中,都有个别成员现在仍然健在。他们虽然年事已高,但经验丰富,并且还在摇头嘀咕。那个新时代就缺乏这样的长者来捍卫合理的悲观情绪。

同样,现在的政府可以采取新的调控措施。联邦储备委员会,现在改名为联邦储备理事会,在与各储备银行和会员银行的关系方面所掌握的权力得到了巩固。1929 年 3 月发生的米切尔违规事件在现在看来真是不可思议。当时的傲慢行为,而不是反常的个人主义行为,在现在看来是愚蠢的行为。纽约储备银行仍然保留着一定的精神权威和自主权,但已经不足以抵制华盛顿的政策。联邦储备委员会现在还掌握着规定保证金比例的权力,必要时可以要求投机者支付相当于所购股票全部价款的保证金。这样,虽然还不能完全制止投机行为，但却意味着，当股市下跌时，无力支付激增的保证金的投机者会被迫进一步抛盘，从而保证在阵阵"痉挛"中完成清算。最后，证券交易委员会可望有效禁止大规模的市场操纵，并且制止一切滋生新的投机者的交易策略和方式。

然而，从某些方面看，重新出现投机狂热的概率仍然很大。没人怀疑，美国人依然很容易受投机心理——企业能实现无限的回报，他们作为个人必须分享企业的回报——左右。一个行情趋涨的股市仍能唤醒人们发财致富的愿望，从而吸引越来越多的人参与。政府已经掌握了预防和控制手段。这些手段只要掌握在决策果断的政府手中，那么其效率就毋庸置疑。不过，政府仍有各种各样的理由决定不采取预防和控制措施。在我们这样的民主社会里，选举一次接着一次，即使在一次选举后的第二天，另一次选举马上又开始在即。避免萧条和预防失业，对于政治家来说，已经成为全部公共政策问题中的最关键问题。在一个从政治的角度看不合时宜的时刻，采取行动防止经济过热，必须事先考虑其导致失业的概率。应该注意，经济过热的势头在完全显现之前是无法阻止的。在经济过热的势头出现以后采取阻止行动，始终像是在决定立即处死还是终身监禁，就如同 1929 年 2 月联邦储备委员会那些受到惊吓的委员们那样。正如我们所知道的，立即处死不但具有立即执行的不利因素，而且还要指定行刑的刽子手。

如果不存在某些合理性，市场就不会发生投机狂热。但是，在未来任何一个繁荣时期，自由企业制度被重新发现的某些优点又将会被引证。有人会指出，人们支付现行价格，甚至几乎是任何价格，就说明自由企业制度具有公平性。在最初接受这些合理性的人中间，肯定会有某些负责动用控制手段的人。他们会坚决地说不必采取控制手段。某些报纸也会表示赞同，并且措辞严厉地指责那些认为应该采取行动的人，称他们为信仰不坚定者。[19]

八

将来，无论经济是否基本健康，股市再现投机热，随后发生股价暴跌，都不可能再对经济造成像 1929 年那样的影响。遗憾的是，这要到事后才能完全明了，不过有一点是明白无疑的：1929 年或此后不久暴露的许多极其严重的缺陷，自那以来已经得到了很大的改善。收入分配不再像以前那样严重不平衡。1929～1948 年期间，相当于美国人口 5％的最高收入人群占个人收入总额的比例从接近 1/3 下降到了 1/5 弱。1929～1950 年期间，工资、薪水、养老金和失业救济金占家庭收入的份额由大约 61％增加到了 71％左右。工资、薪水、养老金和失业救济金等都是普通人的收入。尽管红利、利息和租金等富人特有的收入绝对额有所增长，但相对额却从占家庭总收入的 22％强下降到了 12％强。[20] 在以后的年份里，收入分配差距缩小的趋势逐渐消失并且发生轻微的逆转，但情况仍大大好于 20 世纪 20 年代。

同样，1929 年以后，重要的投资信托纷纷垮台，并遭到封杀，尽管部分投资信托最终被共同基金、海外基金、股权基金和房地产投资信托等取而代之，这些基金或投资信托成了 1970 年以后导致股价暴跌的原因。不过,证券交易委员会在破产法的支持下摧毁了大型公用事业控股公司的金字塔形组织结构。联邦银行存款保险公司甚至迄今都没有动用过其全部的周转信贷,这说明全美银行系统运行正常。有了这部法律,曾经是那样有效地传导弱点的恐惧心理被克服了。令人忧伤的旧体制缺陷,曾经导致破产案接连不断,而今终于得到了弥补。一部简单的法律很少能够收到如此的成效。

与25年前相比,美国的对外收支状况发生了巨大的变化。现在,美国的购买或支出倾向远远大于销售或收入倾向。

最后,美国人的经济知识有所增长。现在,一次发展中的萧条不可能遭遇任其泛滥的顽固思想。毫无疑问,白宫还会召集注重形式的会议。兴许,我们还会听到大量的安抚话和咒语。也有很多人会强烈呼吁把等待和希望当作最佳策略。不过,人们无论如何都不会认为,最佳策略,就像财政部长梅隆非常不适当地表述的那样,会是"清算股票,清偿劳工;清算房地产,清偿农场主"。[21]我们坚定、彻底地消除严重萧条的决心还有待验证,但是,没有能力采取充分正确的措施与决心做许多错事,两者不可相提并论。

美国经济中的另一个弱点也得到了补强。备受诋毁的农业计划为农场主的收入,同时也为农场主的支出提供了一定的保障。失业救济金收到了同样的效果,尽管在劳工看来还没有到位。其余方面的社会保险制度,如养老金和政府救济,有助于保护其他人群的收入,从而保证了他们的支出。税收制度的稳定作用大大优于1929年。发怒的上帝有可能赋予资本主义许多固有的矛盾,但至少在经过深思熟虑以后,上帝还是相当仁慈地进行了与自由企业制度改进惊人一致的社会改革。

九

然而,美国经济虽然获得了多方面的改进,但仍可能受到另一次投机性股市暴跌的冲击。某些新的改进措施还应该继续,而在其他新的或许是没有想到的地方可能会出现新的裂缝。就连经济突然失去由股市盈利支撑的支出,也有可能造成损失。任何形式的股市暴跌,即便其后续影响很小,都不利于华尔街的声誉。

近来,华尔街就像一个寓意深远的词组所显示的那样,变得很有"公关意识"。由于投机性股市暴涨之后一定会发生投机性股市暴跌,因此我们可以指望华尔街重拳打击任何投机行为的回潮。联邦储备委员会可以应银行家和证券经纪人的要求把保证金提高到上限,并且严格针对那些试图用自己持有的股票和债券进行抵押,借入资金以便购进更多股票和债券的人强制执行保证金规定。公众应该经常被明确告知追涨要冒的风险。那些仍一意孤行,坚持追涨的投资者责任自负。证券交易所及其会员、银行以及整个金融界应该态度鲜明,并且在发生股市进一步暴跌的情况下,在良好的公共关系所允许的范围内发挥最好的保护作用。

如前所述,所有这一切从理论上来说都是能够做到的,但却既没有在 20 世纪 60 年代末、70 年代初的混乱岁月,即履约基金和多种经营公司集团爆炸的年代里发生,也没有在以后出现。这倒不是因为华尔街的自卫本能发育不良(恰恰相反,华尔街的自卫本能很可能发育正常,甚至超过了正常水平),而是因为如今与以往一样,经济实力与政治洞察力呈负相关关系。经纪人的长期救援行动从来没有受到高度重视,虽然这意味着对眼前的有序生活和利益进行干扰。因此,有人只顾眼前,鼓吹无所作为,即便这意味着未来会发生严重的问题。这方面,资本主义所面临的威胁就是明明知道事态非常不妙,并将继续恶化,但却说是基本"健康"。

注释

[1]Economic Indicators: Historical and Descriptive Supplement, Joint Committee on the Economic Report(Washington, 1953).

[2]*New Levels in the Stock Market*, p.257.

[3]Walter Bagehot, *Lombard Street*, p.130.前面麦考利的引语由白芝浩引用,p.128。

[4]"现在,它们的规律性有可能被夸大了,而不是商业周期的存在性受到了否定。"参见 Wesley Clair Mitchell, *Business Cycles and Unemployment* (New York: McGraw-Hill, 1933), p.6。

[5]Geoffrey H.Moore, *Statistical Indications of Cyclical Revivals and Recessions*, Occasional p. 31, National Bureau of Economic Research, Inc. (New York, 1950).

[6]H.W.Arndt, *The Economic Lessons of the Nineteen-Thirties* (London: Oxford, 1944), p.15.

[7]E.M.Hugh-Jones and E.A.Radice, *An American Experiment* (London: Oxford, 1936), p.49.引自 Arndt,同前,p.16。

[8]这一点受到了广泛的关注。参见 Lionel Robbins, *The Great Depression*,

p.4, and Thomas Wilson, *Fluctuations in Income*, p. 154 ff., and J. M. Keynes, *A Treatise on Money* (New York: Harcourt, Brace, 1930), Ⅱ, 190 ff。

[9]笔者冒昧地运用比较专业的术语来详细阐述这个问题。消费支出增长率不足和资本品支出增长率不足都有可能中断投资支出。消费不足和投资不足是同一问题的两个方面。此外,住宅这种重要的耐用消费品其支出几年来一直趋于减少,并且在 1929 年进一步大幅度下降。不过,我们仍然假设投资没有消费的作用稳定,即便我们对消费作用的稳定性没有通常认为的那样有把握。在我们的案例中,明智的做法似乎是:如果总支出不中断的话,那么应该关注那部分必须维持最大增长率的支出。托马斯·威尔森先生(Thomas Wilson)在笔者经常引用、研究这一时期的学者们得益匪浅的著作中没有充分强调保持投资支出以某一特定增长率增长的必要性。

[10]参见 Selma Goldsmith, George Jaszi, Hyman Kaitz, and Maurice Liebenberg, "Size Distribution of Income since the Mid-Thirties", *The Review of Economics and Statistics*, February 1954, pp.16, 18。

[11]*Weekly Letter*, November 23, 1929.

[12]根据 1929 年各期 *Federal Reserve Bulletin* 汇编。

[13]U. S. Department of Commerce, Bureau of Foreign and Domestic Commerce, *Statistical Abstract of the United States*, 1942.

[14]*Stock Exchange Practices*, Report, 1934, pp.220—221.

[15]同上, p.215。

[16]*Stock Exchange Practices*, Hearings, February-March 1933, Pt. Ⅵ, p. 2091 ff.

[17]Lawrence Sullivan, *Prelude to Panic* (Washington: Statesman Press,

1936), p.20.

[18]William Starr Myers and Walter H. Newton, *The Hoover Administration: A Documented Narrative* (New York: Scribners, 1936), pp. 339—340.

[19]笔者在1969年发出投机警告时,曾经用这个称呼以引起人们的注意。

[20]这些数据引自 Goldsmith, *et al.*, "Size of Distribution of Income", p.16, p.18。

[21]引自 Herbert Hoover, *Memoirs*, p.30。